Wolfgang Brenner
Waldemar Thomas

Vegetarische Weihnachten

Wolfgang Brenner
Waldemar Thomas

Vegetarische Weihnachten

Eine Gänsegeschichte mit fünf fleischlosen Festmenüs

Illustriert von Klaus Puth

Eichborn.

Umschlaggestaltung: Stefanie Weischer unter Verwendung eines Fotos
von Walter Vorjohann
Lektorat: Matthias Bischoff
Satz: Fuldaer Verlagsanstalt GmbH, Fulda.
Druck und Bindung: Wiener Verlag, Himberg.
ISBN 3-8218-1417-9

Verlagsverzeichnis schickt gern:
Eichborn Verlag, Kaiserstraße 66, 60329 Frankfurt

Seit Jahren schon stellte Schmalenbach an Heiligabend gegen Mittag das Telefon leiser. Um 16 Uhr 30 holte er den eingeschweißten Lachs aus dem Kühlschrank, um ihn eine Stunde atmen zu lassen. Beim Heraufziehen der ersten Dämmerung entzündete er dann die elektrischen Kerzen am Weihnachtsbaum und schaute sich bis zur Bescherung rührselige Schwarzweiß-Filme im Fernsehen an.

Schmalenbach freute sich auch jedes Jahr über den teuren Kunstband, den die zu Tränen gerührte Lebensgefährtin Elke ihm schenkte – oder er tat zumindest so. Er genoß es, beim Kerzenschein Käsefondue zu essen, sich langsam mit einem Châteauneuf-du-Pape zu betrinken, den es im Advent immer um eine Mark billiger und im Dreierpack gab, und schließlich der mittlerweile hemmungslos heulenden Elke zu erzählen, daß seine Eltern ihm als Kind selten mehr als eine Apfelsine und ein gebrauchtes Schulbuch des älteren Bruders geschenkt haben, er sich aber dennoch immer unbändig darüber gefreut hatte.

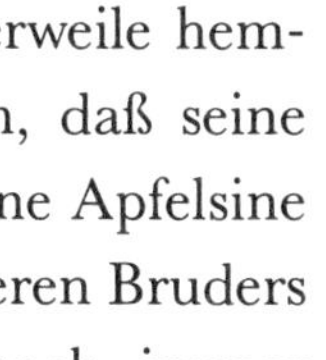

Nun war es vorbei mit dieser Idylle.

Hinter vorgehaltener Hand hatte Pfeifenberger Schmalenbach mitgeteilt, daß er ihn und seine Elke zu einem Weihnachtsessen einladen möchte – im kleinen Kreis, quasi familiär und natürlich im passenden Ambiente. So habe seine Gattin Carola, wie Pfeifenberger nicht ohne Stolz berichtete, auf einem Biobauernhof eine Gans erstanden, die sie an Heiligabend mit Kastanien füllen werde.

Schmalenbach glaubte zu wissen, was Pfeifenberger, der sonst nur auf Feste ging, nie aber selbst eines veranstaltete, zu dieser sensationellen Einladung bewogen hatte: Pfeifenberger plante die Eröffnung einer eigenen Werbeagentur – das erzählte man sich in der Branche schon seit Monaten. Pfeifenberger war gut im Geschäft, er hatte ausgezeichnete Kontakte und galt als kreativer Berserker. Die neue Agentur würde nicht nur eine Goldgrube werden, sie würde auch künstlerisch einen frischen Wind in die Werbewirtschaft bringen.

Deshalb und weil er wußte, daß Pfeifenberger ihn schätzte, hatte Schmalenbach sich im Oktober unter vier Augen bei Pfeifenberger als Textchef empfohlen. Pfeifenberger war zu Schmalenbachs

Erstaunen über die informelle Bewerbung nicht im geringsten erstaunt gewesen, hatte sich aber Bedenkzeit erbeten – zwei Monate, und die waren nun vorbei.

Kein Zweifel: Die Einladung bedeutete, daß Pfeifenberger Schmalenbach als Partner akzeptierte.

Es hatte also ein Ende mit den sinnlosen Krächen in der alten Agentur, Schmalenbach würde an Pfeifenbergers Seite berühmt werden – berühmt und reich. Diese gute Nachricht sollte die Weihnachtsüberraschung für seine Liebste werden, deshalb schwieg Schmalenbach, obwohl die Neuigkeit ihm tagelang auf den Nägeln brannte.

»Immerhin mal was anderes«, erklärte Schmalenbach der zögernden Elke. »Nächstes Jahr können wir ja wieder zu Hause bleiben, Châteauneuf-du-Pape trinken und Käsefondue essen. Dann erzähle ich dir auch wieder, wie das früher war, bei uns zu Hause, daß wir zu Weihnachten nicht mehr geschenkt bekamen als . . . «

»Und was ziehe ich an?« unterbrach ihn die Elke, die – ehrlich gesagt – Schmalenbachs bit-

tere Kindheitserinnerungen nicht mehr hören konnte. »Das schwarze Kleid geht nicht. Meine Freundin sagt, es ist so dünn, man sieht sogar meine Blinddarmnarbe.«

Schmalenbach dachte an Pfeifenbergers Frau Carola, die kürzlich im Hallenbad den Bademeister dazu gedrängt hatte, einen Rentner aus dem Haus zu weisen, weil dessen Badehose angeblich eine Nummer zu groß war. Er sagte schnell und entschieden wie immer, wenn er ihr zustimmen konnte: »Stimmt, das geht nicht! Pfeifenberger sagte noch: Weihnachten ist ein Fest der Innigkeit, da kommt man am besten in ganz einfachen Klamotten.«

»So wie letzten Februar, als wir in unseren Karnevalskostümen zu dem Geburtstags-Cocktail deines Chefs gingen. Ich habe mich noch nie so geschämt, Schmalenbach.«

Schmalenbach seufzte: »Ich habe gesagt, es tut mir leid. Ich kann doch nichts dafür, daß ich ihn falsch verstanden habe. Meine Hand hätte ich dafür ins Feuer gelegt, daß er gesagt hat: Ich erwarte Kostümierung und keine Abendgarderobe – und nicht umgekehrt, wie alle anderen nachher behaupteten.«

Elke schüttelte den Kopf: »Du als Doc Holyday und ich als Irma La Douce – und alle andere in dezentem Schwarz oder Dunkelblau. In den Boden hätte ich versinken können.«

Menü 1

Kräutersalat mit Pilzen und Knoblauch-Croûtons
Weiße Zwiebeln mit Safran und Rosinen
Gestürzte Eier mit Makkaroni und Tomatensauce
Tarte Tatin

Gans vegetarisch

Salat, Gemüse, Eier, Apfelkuchen – ein sehr leichtes Menü. Satt werden sollten aber alle davon, spätestens beim Dessert, denn es reicht für mehr als nur für 4 Personen.

Kräutersalat mit Pilzen und Knoblauch-Croûtons

Man sagt dieser leckeren, frischen Mischung auch eine heilsame Wirkung gegen Kater nach, was dann ein erwünschter Effekt sein kann, wenn's am Weihnachtsabend hoch her gegangen ist. Was ja vorkommen soll.

Er besteht aus: Feldsalat, Brunnenkresse, Gartenkresse, feingehackten Schalotten, Chicorée, Streifen von Sellerieknolle, Petersilie, frischem Estragon und Thymian.

All das wird mit einer sanften Vinaigrette aus feinem Weinessig, etwas Senf, Salz, Pfeffer und Olivenöl angemacht. Sodann werden pro Person 5 mittelgroße, frische Champignons geputzt, geviertelt und in steigender Butter rasch gebraten, ohne daß sie Saft ziehen. Mit etwas Zitronensaft beträufeln, salzen, pfeffern und auf den Tellern um den Salat herum arrangieren. Dazu schmecken dünne, geröstete und mit Knoblauch eingeriebene Weißbrotscheiben. Der passende Wein dazu wäre ein Sauvignon blanc.

Gans weinerlich

Weiße Zwiebeln mit Safran und Rosinen

Eine geradezu animierende Vorspeise aus sanften Zwiebeln, Honig, Safran, Koriander, Olivenöl, Essig und Wein. Das Gericht ist unter der Bezeichnung »Oignons à la Greque« altbekannt.

Man braucht dafür die kleinen, runden Perlzwiebeln, allge-

mein aus Gläsern bekannt; es gibt sie mittlerweile fast das ganze Jahr über frisch zu kaufen. Das Schälen ist freilich etwas mühsam, und man sollte sich die Arbeit möglichst teilen. Mit Knoblauchzehen oder Schalotten, die sich leichter pellen lassen, können Sie die Vorspeise auch machen.

Für 4 Personen: 500 g Perlzwiebeln, 1/2 Glas Weißwein, 3 EL Balsamico-Essig, 1/2 Glas Olivenöl, 2 TL Korianderkörner, 1 Messerspitze Safranpulver (oder 1/2 TL Fäden), 1 Handvoll Rosinen, 1 EL Lavendelhonig (oder ein anderer aromatischer, aber nicht zu süßer Honig, von Weißtannen oder Edelkastanien zum Beispiel), 1 EL Tomatenmark, Salz und Pfeffer.

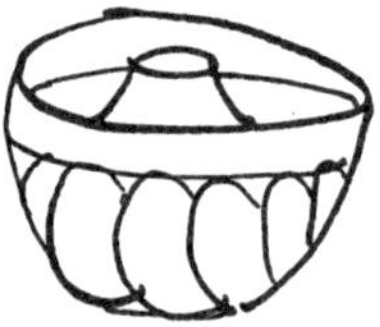

Die Zwiebeln schälen und in etwas Olivenöl kurz anbraten, ohne daß sie bräunen. Der Topf oder die Pfanne muß so groß sein, daß sie nebeneinander Platz haben. Nun den Wein mit dem Essig verrühren, den Honig und den Safran darin auflösen, ebenso das Tomatenmark, und alles über die Zwiebeln gießen. Mit dem restlichen Öl auffüllen, so daß sie fast bedeckt sind. Salzen, pfeffern und die gewaschenen Rosinen und die Korianderkörner darüber streuen. Zugedeckt garen; sie sind soweit, wenn sie auf Druck nachgeben. Zuletzt den Deckel

abnehmen, damit die Flüssigkeit etwas einkocht und sirupartig wird.

Zwischendurch ab und zu den Sud probieren und eventuell nachwürzen. Fehlen Salz oder Pfeffer: wie wäre es mit etwas mehr Tomatenmark, Honig oder Essig? Sie sollten hier Sorgfalt walten lassen, denn Ihre Gäste werden es Ihnen danken, wenn sie diese delikate Vorspeise mit nichts weiter als einem Stück Baguette verzehren. Dazu schmeckt ein trockener, fruchtiger Weißherbst.

Gestürzte Eier mit Makkaroni und Tomatensauce

sind leicht, lecker und sehen hübsch aus. Zutaten: 125 g Makkaroni, Olivenöl, Salz, Pfeffer, Butter, 8 Eier, 8 EL Sahne, Basilikum (oder gehackte Petersilie). 8 ofenfeste Porzellan- oder Metallförmchen, wie sie für eine Crème Caramel gebraucht werden.

Sauce: 1 große Dose geschälter Tomaten; 1 Schalotte, 1 Knoblauchzehe, 1 TL getrockneter Thymian, Zucker, 1 EL Butter, 1 Lorbeerblatt.

Zunächst wird die Sauce aufs Feuer gebracht. Die Büchse öffnen, die Tomaten in ein Sieb geben und abtropfen lassen. In der Zwischenzeit die Schalotte und die Knoblauchzehe fein hacken und in einem hohen Topf in dem heißen Öl bei ständigem Rühren anschwitzen lassen. Aufpassen, daß die Stückchen nicht braun werden. Den zwischen den Handballen zerriebenen Thymian in den Topf streuen, damit er im heißen Öl sein Aroma besser entwickelt. Nun kommen die Tomaten dazu, das Lorbeerblatt, Salz, Pfeffer und Zucker. Sie können jetzt auch schon vorläufig abschmecken, aber die Sauce kocht jetzt ihre Zeit im offenen Topf – und spritzt nicht schlecht,

deshalb sollte er hoch sein. Nach einer guten Stunde, ein gut' Teil der den Tomaten innewohnenden Flüssigkeit ist nun verkocht, nehmen Sie das Lorbeerblatt heraus und drücken Ihre Sauce durch ein nicht zu feines Sieb in einen Topf. Erhitzen, die Butter darin zergehen lassen und wiederum abschmecken: Zucker, Salz, frisch geschroteter schwarzer Pfeffer. Die Sauce sollte fruchtig und eindeutig nach Tomaten schmecken. Einem eventuellen Übermaß an Säure begegnen Sie mit noch mehr Zucker.

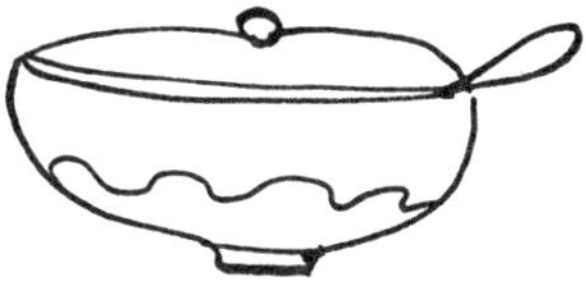

Unterdessen war genug Zeit, die Nudeln in Salzwasser, dem Sie einen Schuß Olivenöl zugegeben haben, weich zu kochen (nicht »al dente«!) und abtropfen zu lassen. Damit kleiden Sie jetzt die Wände der gut gebutterten Förmchen aus. Das geht leicht, denn durch die Butter haften die Nudeln gut. Den Backofen auf 180° vorheizen und eine große, flache Form, die die 8 Förmchen aufnehmen kann, mit heißem Wasser füllen. In jedes der Förmchen schlagen Sie nun ein Ei: frisch und von einem Huhn stammend, welches im Freien seine Körner gepickt hat. Jeweils 1 EL Sahne dazu, etwas Salz und Pfeffer, und verquirlen – vorsichtig, wegen der Nudeln. Nun stellen Sie die Förmchen in die große Form ins heiße Wasser und plazieren sie im Backofen auf dem mittleren Rost. Nach etwa 5 Minuten decken Sie Alufolie darüber und achten darauf, daß das Eiweiß leicht fest wird, das Eigelb hingegen noch sehr weich ist. Herausnehmen, jeweils zwei der Förmchen auf

einen vorgewärmten Teller stürzen, die Tomatensauce drumherum gießen und mit den Basilikumblättchen dekorieren. Weiß, rot, grün – mit dieser leichten, eleganten Eierspeise in den italienischen Farben werden Sie Ehre einlegen. Der geeignete Wein dazu sollte rot sein und nicht zu schwer. Da dieses Gericht elsässischen Ursprungs ist, bietet sich ein Pinot Noir dieser Provenienz an.

Tarte Tatin

Dieser berühmte Kuchen wurde von Frauen kreiert, den Schwestern Tatin. Er ist auf eine sehr praktische Weise leicht und schnell zu machen, gelingt garantiert und verblüfft obendrein die Gäste. Es existieren viele Abwandlungen. Hier das Originalrezept, das überdies den Vorzug hat, daß der Kuchen so besonders schön aussieht. Sie brauchen:

Teig: Mürbeteig aus 220 g Mehl, 100 g kalte (ungesalzene) Butter, 1 Eigelb, 1/2 TL Salz, 2 TL Zucker, 2-4 EL Wasser (oder mehr).

Für eine Pfanne von 26 cm Durchmesser, d.h. für 8-10 Stücke: 4 große, feste Äpfel (Backäpfel), 100 g Butter, 120 g

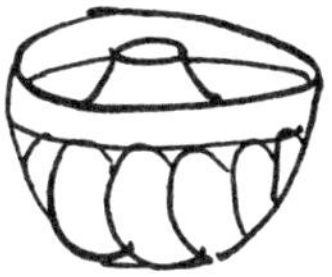

Zucker, 30 g Vanillezucker, Saft von 1 Zitrone; (Apfelschnaps, halbsteif geschlagene Sahne je nach Geschmack oder Laune).

Den Mürbeteig zügig zubereiten; entweder per Hand oder mit dem Knethaken des elektrischen Rührgeräts. Den Teig in Klarsichtfolie einpacken und im Kühlschrank gut 1 Stunde ruhen lassen.

Währenddessen die Äpfel schälen und das Kernhaus herausstechen, halbieren und im Zitronensaft wenden. Die Butter in einer Pfanne, die sich auch in den Ofen schieben läßt, also keinen Holz- oder Plastikstiel hat, zerlassen, Zucker und Vanillezucker zugeben, umrühren, die Äpfelhälften mit der Rundung nach unten hineinsetzen und gefällig arrangieren. Denn in dieser Anordnung werden die Äpfel nachher auf dem Kuchen liegen. Den Backofen auf 220° vorheizen. Die Äpfel auf kleiner Flamme in der sich bildenden Karamel dünsten lassen, etwa 15 bis 25 Minuten lang. Sie müssen weich werden, dürfen aber nicht zerfallen! Wenn Sie gute Backäpfel (Reinetten, Jakob Löbl oder Braeburn) verwenden, ist die Gefahr gering. Die Pfanne zur Seite stellen und abkühlen lassen.

Nun den Teig auf etwas Mehl ca. 1/2 cm dick auswallen. Die Teigplatte sollte etwa so groß sein wie der obere Durchmesser der Pfanne. Die (und die Äpfel natürlich) bedecken Sie jetzt mit dem Teig; was zuviel ist, drücken Sie vorsichtig zwischen Äpfel und den Rand der Pfanne. Die kommt jetzt in den heißen Backofen. Die Tarte backen Sie etwa 30 Minuten, so daß der Teig gar und gebräunt ist. Herausnehmen und vorsichtig rütteln. Wenn Sie jetzt der Meinung sind, es habe sich zu viel Flüssigkeit unter den Äpfeln angesammelt, so gießen Sie vorsichtig den größten Teil ab. Aber nicht alles! Denn dieser köstliche Sud, der sich aus der Butter-Zucker-Karamel und dem Saft der Äpfel gebildet hat, soll ja die Früchte überziehen, wenn Sie die Tarte nun auf eine Servierplatte vorsichtig stürzen.

Wer will, kann sich Calvados drüberträufeln oder halbsteif geschlagene Sahne dazu essen. Was den Wein angeht, so können Sie dazu einen edelsüßen Weißwein kredenzen, der jedoch

nicht plumpsüß sein sollte. Bei kleineren Winzern, in Rheinhessen zum Beispiel, können Sie mit etwas Findigkeit hervorragende und obendrein preisgünstige Beerenauslesen ergattern.

Schmalenbach gab sich Mühe, zuversichtlich zu klingen: »Diesmal ist es anders. Es ist ein ganz kleiner Kreis, sehr intim und dem Anlaß angemessen, ein Weihnachtsessen eben.«

Elke nickte: »Na gut – aber nur wegen der Gans. Seit meiner frühesten Kindheit habe ich keine gefüllte Weihnachtsgans mehr gegessen. Ach, Schmalenbach, ich denke oft zurück an den Duft der Weihnachtsgans von meiner Tante Erika, du weißt schon, die mit dem Mann, der mal in der Wasserballnationalmannschaft gespielt hat ... «

»Dann zieh doch die neue, enge schwarze Hose und den Seidenpulli an!« unterbrach sie Schmalenbach, der die Geschichte schon kannte und den Onkel, der mal in der Wasserballnationalmannschaft gespielt hatte, noch nie leiden konnte.

Letzten Endes entschied sich Elke dann doch gegen die neue, enge schwarze Hose und den Seidenpulli (so wie sie sich immer gegen Schmalenbachs Vorschläge entscheidet, die sie nur abzufragen scheint, um festzustellen, was sie auf keinen Fall anziehen darf) und für das atemberaubend dünne, schwarze Kleid, unter das sie allerdings die graue Gesundheitsunterwäsche von ihrer Mutter zog – wie sie dem empörten Schmalenbach gegenüber trotzig behauptete: für Heiligabend genau die passende Kombination.

Was Schmalenbach am meisten überraschte: Pfeifenbergers Weihnachtsessen blieb wirklich in

einem intimen Rahmen. Der erfolgreiche und bis zum Exhibitionismus gesellige Cartoonist hatte nur ihn und Elke eingeladen – und Rochus Fuchs, den aufstrebenden Volontär aus Schmalenbachs Werbeagentur, samt rothaariger Freundin Helga und Cockerspaniel Grönemeyer. Gastgeber und Gäste trugen Jeans, T-Shirts und bequeme Pullover – außer Elke, die schon auf der Treppe von Helga gefragt wurde, wo sie die wunderbare, kommißgraue Doppelrippunterwäsche herhatte.

Zur Begrüßung umarmte man sich freudig im Flur. Aus dem Eßzimmer drang weihnachtlicher Chorgesang von einer Schallplatte. Der Gastgeber hatte den Plattenspieler vom Dachboden geholt und aus seiner Plattensammlung im Keller noch einen Sampler aus dem Jahr 1967 hervorgestöbert. Das Gekratze kam gut an, und nicht einmal der naseweise Rochus Fuchs, der aus Chemnitz kam und sonst keinen Hehl aus seiner Abscheu gegen Gefühligkeit machte, maulte wegen der Weihnachtsmusik.

Der Tisch war festlich gedeckt. Pfeifenbergers Gattin Carola hatte sogar jedem einen Tannenzweig auf den Teller gelegt. Schmalenbach sagte, er fände das schön – eine einfache und dennoch überzeugende Geste. Er dachte dabei an das schmutzige Geschirr, das Elke schon seit acht Tagen auf der Spüle sammelte, weil die Spülmaschine defekt war. Wenn sie an diesem Heiligabend zu Hause geblieben wären, hätte Schmalenbach selbst spülen müssen, denn Elke liebte es, Konflikte durch bloßes Abwarten auf die Spitze zu treiben.

Pfeifenbergers Gattin Carola hatte in der Küche zu tun. Sie bereitete als Vorspeise eine Grünkernsuppe zu – Resultat eines VHS-Kurses zur Vollwertküche, wie Pfeifenberger stolz vermerkte, wäh-

rend er Helga einen Cognac gegen ihre Migräne einschenkte und dabei den Leberfleck auf dem Bauch von Schmalenbachs Lebensgefährtin nicht aus den Augen ließ, den die Doppelrippunterwäsche durch eine unkontrollierte Bewegung unter dem quasi nicht vorhandenen dünnen, schwarzen Kleid freigegeben hatte.

Schmalenbach bewunderte Pfeifenberger. Der freischaffende Cartoonist hatte zwar kein dreizehntes und erst recht kein vierzehntes Monatsgehalt, aber er wußte zu leben und hatte seine Frau im Griff: Carola besuchte eifrig VHS-Kurse und Vernissagen, war ansonsten aber ganz für Pfeifenberger da. Und auf die waghalsige Idee, ausgerechnet an Heiligabend zu einem Essen einzuladen, konnte auch nur ein freisinniger Geist wie Pfeifenberger kommen, der sich der rückhaltlosen Unterstützung einer Gefährtin sicher war.

Was allerdings Rochus Fuchs und seine attraktive Freundin Helga bei diesem intimen Zusammensein zu suchen hatten, war Schmalenbach unklar. Wahrscheinlich gehörte es zu Pfeifenbergers Selbstinszenierung dazu, daß ein junger Kol-

lege dabei war – das sah so aus, als mache man sich im Hause Pfeifenberger Gedanken um den Nachwuchs, als pflege man auch ganz unmaterielle Marotten, so zum Beispiel das Gespräch mit der Jugend, sei sie auch so selbstgefällig und unbelehrbar wie Rochus Fuchs.

Pfeifenberger stand – kaum hatten alle an der Tafel Platz genommen, kaum hatte der Cockerspaniel Grönemeyer sich unter dem Tisch verkrochen – wieder auf, hob sein Glas Sherry und sagte laut: »So laßt uns denn trinken auf das Gute, das hinter uns liegt, und auf das Gute, das noch kommt . . . «

Rochus Fuchs stand sofort kerzengerade, sein Stuhl kippte nach hinten, und Helga, die sich ebenso wie Schmalenbach und Elke nur zögernd und etwas verdutzt erhob, schüttelte, soviel Tolpatschigkeit mißbilligend, den Kopf. Ihr Gesichtsausdruck zeigte, wem sie die Schuld an ihrer Migräne gab: Rochus Fuchs.

Mit der wirst du keine Karriere machen, Rochus, dachte Schmalenbach schadenfroh, die ist eher ein Hindernis als eine Linderung deiner Wunden. Und er war wieder einmal ein bißchen stolz auf seine in großen Momenten zur – allerdings unaufwendigen – Selbstlosigkeit neigende Elke.

»Bei dieser Gelegenheit möchte ich etwas bekannt geben!« erklärte Pfeifenberger noch eine Spur lauter.

Menü 2

Kastaniensuppe
Spinatgratin
Grünkernrisotto mit Schafskäse und Basilikum
Salat von Morbier, Birnen und Walnüssen

Gans schmackhaft

Bei diesem Menü sind kleine Portionen angebracht, denn dieses Speisenquartett kommt gewichtiger daher. Sollte es jemand nach mehr gelüsten, auch kein Problem, denn »gesund« und ballaststoffreich sind die Gerichte allemal, und spätestens das Dessert beugt allen Verdauungsproblemen vor.

Kastaniensuppe

Gewissermaßen eine Wiederentdeckung, waren doch Kastanien vor der Einführung der Kartoffel in weiten Teilen Europas eines der wichtigsten Volksnahrungsmittel.

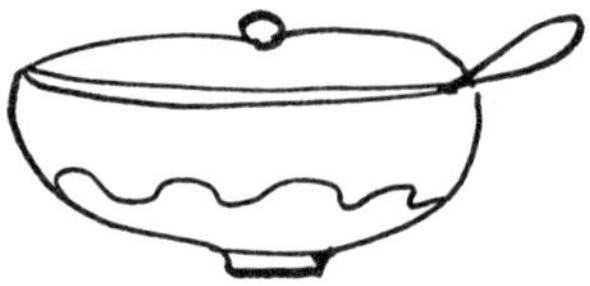

250 g Kastanien, 1 Karotte, 2 Schalotten, 1 Knoblauchzehe, 2 EL Butter, 0,75 l Gemüsebrühe, Salz, Pfeffer, Muskat, Balsamessig, 200 g geschlagene Sahne.

Die Kastanien kreuzweise einschneiden und im Backofen bei 220° solange garen, bis sich die Schale und die darunterliegende Haut leicht ablösen läßt. In einem schweren Topf die Butter erhitzen und die geschälten Kastanien, die gehackten Schalotten, die gewürfelte Karotte und die zerdrückte Knoblauchzehe darin anschwitzen. Mit der Brühe aufgießen und binnen einer knappen halbe Stunde weichkochen. Im Mixer

oder mit dem Pürierstab pürieren. Mit Salz, Pfeffer, Muskat und Essig abschmecken. Vor dem Servieren die Sahne hineinrühren.

Als Einlage bieten sich Gemüsewürfelchen an, die Sie in Butter gedünstet haben. Oder geröstete Brotwürfel. Oder einige Kastanien, 2 bis 3 pro Person, unpüriert lassen, damit Ihre Gäste was zu Beißen haben.

Spinatgratin

Eines unserer beliebtesten Gemüse ist er ja bereits, der leckere Spinat. Warum ihn nicht einmal solo servieren? Was nicht pur oder frugal bedeutet, wie Sie sehen werden.

800 g frischer Spinat, 200 g frische Champignons. 200 g Sahne, 150 g Gruyère, 50 g Parmesan, Butter, Zitronensaft, Salz, Pfeffer, Muskatnuß.

Spinat gut waschen, »in mehreren Wassern« hieß es in alten Kochbüchern, und tropfnaß in einem großen Topf auf heißer Flamme zusammenfallen lassen, was höchstens 3 Minuten dauert. In einem Sieb abtropfen lassen und gut ausdrücken.

Die Champignons in feine Scheiben schneiden, in heißer Butter rasch anbraten und würzen mit Salz, Pfeffer und Zitronensaft. Die Sahne halb steif schlagen. Nun den Spinat in einer ofenfesten, flachen, gebutterten Form ausbreiten, dabei salzen und einen Hauch Muskat darüberreiben. Die Champignonscheiben darauf verteilen. Den Käse grob reiben, mit der halbsteifen Sahne verrühren und auf das Gemüse streichen. Oben im heißen Backofen bräunen lassen und in der Form servieren.

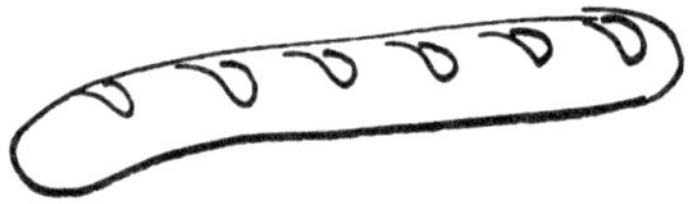

Grünkernrisotto mit Schafskäse und Basilikum

Risotto besteht eigentlich aus Reis, wie schon der Name sagt. Mit Grünkern, dem frühen Korn des Dinkels, aber läßt sich auf ähnliche Weise verfahren, und auf die Idee mit dem Schafskäse ist Wolfram Siebeck gekommen. Dieses Risotto ist in feinen Restaurants beliebt und regt den Appetit mehr an, als daß es bloß satt machte.

350 g Grünkern (über Nacht eingeweicht), 2 EL Olivenöl; Lauch, Sellerie, Karotte, insgesamt 150 g, in kleine Würfelchen (»Brunoise«) geschnitten; 2 Schalotten, 2 Knoblauchzehen, 1/4 l Weißwein, Salz, Peffer, 0,1 l Sahne, 2 EL eiskalte Butter. 1 Bund Basilikum, 250 g Schafskäse.

In einem breiten, nicht zu hohen Topf mit schwerem Boden das Öl erhitzen und zunächst die feingehackte Schalotte und den Knoblauch darin angehen lassen. Dann die Gemüse hineingeben und unter ständigem Umrühren dünsten. Nun den gut abgetropften Grünkern in den Topf schütten und gleichermaßen eine Zeitlang fleißig rühren, damit noch möglichst viel Wasser verdunstet. Das ersetzen Sie ja jetzt mit dem Weißwein. Es sollte soviel davon sein, daß Getreide und Gemüse knapp bedeckt sind. Aufkochen lassen, Deckel auf den Topf und auf schwachem Feuer in aller Ruhe garen lassen, wobei die Flüssigkeit fast vollständig aufgesogen wird. Immer mal wieder umrühren und eventuell Wein (Wasser geht auch) nachgießen.

Zwischendurch auch schon mal vorsichtig salzen. Zum Schluß die Sahne unterrühren, stückchenweise die kalte Butter; salzen, pfeffern und die Basilikumblättchen darübersteuen. Mit dem zerbröckelten Schafskäse servieren. Sie werden überrascht sein, wie gut der nussige Geschmack des Grünkerns sich mit dem prägnanten Käse verbindet.

Salat von Morbier,
Birnen und Walnüssen

Zum Nachtisch entweder Käse oder etwas Süßes – so halten es die Franzosen. Zum Abschluß von großen Diners gibt es beides, zuerst aber immer den Käse. Hier eine Kombination; auf besondere Weise comme il faut wäre es freilich, sich zuerst die Käsestückchen vorzunehmen.

1 Stück Morbier, ca. 250 g; pro Person 1/2 Birne, Walnüsse, Zitronensaft, Weißwein, Honig.

Morbier ist ein milder französischer Weichkäse mit einem geringen Anteil an Blauschimmel; intensiv, aber nicht scharf im Geschmack und noch recht fest. Entrinden und in hübsche Stückchen oder Scheibchen schneiden. Die Birnen, reif, aber ebenfalls nicht zu weich, schälen, das Kerngehäuse entfernen und die Früchte, wie den Käse, zerteilen und mit Zitronensaft beträufeln, damit sie nicht braun werden. In einem Topf in etwas trockenem Weißwein mit einem Teelöffel Honig kurz erhitzen, aber keinesfalls zu weich kochen! Abkühlen lassen und kalt stellen. Nun können Sie die Birnen mit dem Käse und den etwas zerkleinerten Nüssen vermischen und ohne weitere Umstände servieren; schöner sieht's aber aus, wenn Sie den Salat auf Tellern augenfällig arrangieren, zum Beispiel in drei konzentrischen Kreisen.

Schmalenbach stieg die Hitze in den Kopf. Er sah Elke von der Seite an. Sie schien sehr gespannt zu sein – wenn sie gespannt war, gefiel Schmalenbach ihr markantes Profil ganz besonders. Heute abend würde sie stolz auf ihn sein, heute abend würden alle Zweifel der letzten Zeit vergessen sein, heute abend (und sicher auch heute nacht) würde sie ihn seit langer Zeit wieder mal als das nehmen, was er wohl war, obwohl sie das über all ihren kleinlichen Nörgeleien oft vergaß: ein Steher, ein Erfolgsmensch, ein Gewinner.

Pfeifenberger machte eine lange Atempause: »Es betrifft meine – nein, unsere berufliche Zukunft!«

Schmalenbach fühlte sich in solchen Momenten biografischer Größe immer zu Gesten bemüßigt, die sein bescheidenes und unkompliziertes Wesen unterstrichen. »Wollen wir nicht auf Carola warten?« fragte er Pfeifenberger.

Pfeifenberger schaute etwas gequält zur Tür. »Ich glaube, sie hat in der Küche zu tun . . . «

Elke stellte ihr Glas ab: »Da muß man doch helfen!«

Pfeifenberger reagierte ungehalten: »Bitte, ich möchte etwas bekanntgeben. Und Carola kommt mit der Gans schon alleine klar!«

Volontär Rochus Fuchs grinste mißgünstig, und Schmalenbach nahm sich vor, ihn gleich nach den Feiertagen mit der Betreuung des kleinsten und gefürchtetsten Kunden der Agentur zu betrauen –

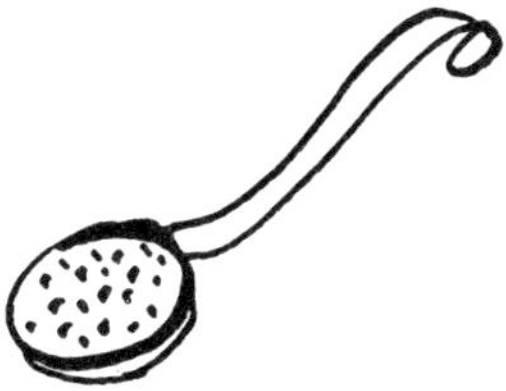

mit dem Sanitärbedarfsgroßhandel Schuster & Krachowiak (sozusagen als letzte Amtshandlung, bevor Schmalenbach triumphal zu Pfeifenberger überwechselte).

Pfeifenberger räusperte sich und setzte neu an: »Also! Wie es sich vielleicht schon herumgesprochen hat, beabsichtige ich, im neuen Jahr eine Agentur zu eröffnen ...«

»Oh!« entfuhr es Elke wie ein artiger Rülpser nach einem zu großen Schluck Sekt, und Schmalenbach bereute es, sie nicht ausreichend vorbereitet zu haben.

Immerhin schien Pfeifenberger sich nicht beirren zu lassen, er lächelte sogar gnädig in die Richtung der Schmalenbachschen Tischecke – offensichtlich angetan von dem Ausdruck naiven Erstaunens angesichts seines Wagemutes. Dann schaute er sinnend zur Decke und fuhr fort: »Da man einen solchen Schritt ins Ungewisse ungern alleine macht und eine gute Werbeagentur einen guten Textchef braucht, der nicht nur penibel ist, sondern auch ebenso kreativ, habe ich mich dazu entschlossen ...«

Hinter Pfeifenberger öffnete sich die Tür. Carola streckte den Kopf herein. Sie lächelte ihr festsitzendes Gastgeberinnenlächeln, wartete, bis Pfeifenberger – nun deutlich verärgert angesichts der Störung – sich nach ihr umwandte, und flötete dann: »Kommst du mal?!!«

Pfeifenberger stellte sein Glas so entschlossen auf den Tisch, daß der Cockerspaniel Grönemeyer, der zu Füßen seines Herrchens gedöst hatte, den Kopf hob und einmal laut bellte. Dann war Pfeifenberger draußen, die Tür schloß sich, und die Gäste waren unter sich.

Rochus tätschelte Grönemeyer, und Schmalenbach hoffte, daß er sich anschließend die Hände wusch, bevor er ins gemeinsame Brotkörbchen griff.

»Wußtest du das?« fragte Elke unanständig laut. »Das mit Pfeifenbergers neuer Agentur?«

Schmalenbach schaute auf Rochus, der nun mit beiden Händen seinen Hund kraulte und ansonsten ahnungslos schien. »Natürlich, Schatz!« antwortete Schmalenbach so knapp als möglich. Die ungewohnte Strenge in seiner Stimme sollte Elke von weiteren Fragen abbringen.

Pfeifenberger erschien wieder im Zimmer – ohne Carola. Er wirkte angestrengt. »Wie das so ist«, erklärte er. »Sowas geht nie ganz reibungslos ab.«

»Was?« fragte Rochus Fuchs mit der demonstrativen Voraussetzungslosigkeit, die ihm im Westen schnell den Ruf eingebracht hatte, eine Art Dissident der Werbewirtschaft zu sein.

»Die Gans halt«, antwortete Pfeifenberger mürrisch.

Rochus Fuchs tätschelte wieder Grönemeyer – jetzt allerdings leicht nervös, und Schmalenbach fand, daß die Welt gut eingerichtet war, wenn auch Aufschneider bisweilen in Ungnade fielen.

Elke erklärte, sie wolle Carola doch etwas zur Hand gehen, und empfahl sich mit den Worten: »Mein Onkel – übrigens ein ehemaliges Mitglied der Wasserballnationalmannschaft – hat seinerzeit jede Weihnachten eine Gans in der Bratröhre gehabt, ich verstehe also etwas davon!«

»Nein!« befahl Pfeifenberger hart, und Schmalenbach trat seiner Elke mental auf die Zehen.

Pfeifenberger erhob sein Glas zu zweiten Mal und setzte erneut an: »Vergessen wir die dumme Gans und ...«

Helga fiel ihm mit dem Stimmchen einer Elfe ins Wort: »Ist die Gans eigentlich gestopft worden?«

Rochus Fuchs wurde rot und zischte: »Das ist doch verboten, weißt du das nicht?«

Helga reagierte trotzig: »Es ist so viel verboten, und man tut's dennoch. Wenn ich nur daran denke, wie du kürzlich nach dem Besäufnis bei meiner Freundin Püppi doch noch mit dem Wagen ...«

»Gänsestopfen ist was anderes!« unterbrach sie Rochus Fuchs.

Pfeifenberger fühlte sich zu einer offiziellen Erklärung genötigt: »Carola kauft Fleisch nur auf dem Biobauernhof ›Hobbitsmühle‹. Die geben auf jedes Stück eine eiserne Garantie: artgerechte Haltung und keine Tierquälerei!«

Helga maulte: »Was hat Gänsestopfen denn mit Tierquälerei zu tun? Ich bin auf'm Dorf aufgewachsen, und dort haben alle ihre Gänse gestopft. Die Gänse haben immer vor Freude geschnattert, wenn's ans Stopfen ging. Was ich nur sagen wollte, war ...«

»Helga!« zischte Rochus Fuchs, und Grönemeyer bellte, weil sein Herrchen ihm vor lauter Nervosität die empfindliche Nase anstatt das Halsfell getätschelt hatte.

»... was ich nur sagen wollte«, hob Helga ein zweites Mal an, diesmal deutlich lauter und entschlossener. »Bei gestopften Gänsen muß man auf eines achten: die Leber. Sie ist bei den gestopften Gänsen besser als bei den ungestopften. Deshalb wollte ich jetzt schon mal mein Interesse an einem klitzekleinen Stückchen Gänseleber anmelden. Sie gilt übrigens als Delikatesse.« Beim letzten Satz kicherte sie überspannt.

Rochus Fuchs sah Pfeifenberger flehend an, und Pfeifenberger nahm Rochus seinen Part ab: »Deshalb stopft man sie auch, Helga!«

»Ach so!« sagte Helga. »Ich dachte immer, das ist so'ne katholische Tradition – quasi damit die armen Gänse auch was vom Advent haben.«

Pfeifenberger schlug mit dem Dessertlöffel gegen sein Rotweinglas, sofort war Ruhe. »... möchte ich hiermit bekanntgeben, daß ich mich entschlossen habe, den Weg als Unternehmer nicht alleine anzutreten ...«

Schmalenbach streckte sich.

So fühlen sich die großen Momente an, dachte er, noch in vielen Jahren werde ich mich an den wunderbaren Geschmack in meinem Mund erinnern können.

» ... sondern zusammen mit einem jungen Werbemenschen, dessen Kreativität ich rückhaltlos auszunutzen gedenke ...«

Typisch Pfeifenberger, dachte Schmalenbach, großspurige Bescheidenheit – oder bescheidene Großspurigkeit. Schmalenbach war sich nicht sicher, wie er das Phänomen Pfeifenberger in einem Werbetext umschreiben würde, aber er war sich sicher, daß er diesen Mann mochte, ja, daß er ihn liebte.

Pfeifenberger führte sein Glas zum Mund. »Und so trinke ich auf die neue Agentur Pfeifenberger und Fuchs!«

Schmalenbach trank schon, sein Mund füllte sich schon gierig mit kühlem Weißwein, er spürte schon, wie der Triumph, den er die ganze Zeit über in seinem Innersten wie eine kleine Flamme gehütet hatte, aus seinem Versteck herausbrach und sich vom Wein und dem Stolz getrieben in einer Sekunde zu einem Flächenbrand ausbreitete.

Da erst bemerkte er seinen Irrtum. Pfeifenberger und Fuchs. Nicht Pfeifenberger und Schmalenbach. Deshalb war Rochus Fuchs eingeladen! Pfeifenberger hatte den Volontär dem langjährigen Freund Schmalenbach vorgezogen.

Schmalenbach glaubte, sich setzen zu müssen, aber er blieb schwankend stehen. Als die ahnungslose Elke mit ihm anstieß, wäre ihm fast das Glas aus der schweißnaßen Hand gerutscht. Seine Augen füllten sich mit weichem, salzigem Wasser. Wie durch einen transparenten Duschvorhang sah er, wie Pfeifenberger und Rochus Fuchs sich umarmten und Helga neben den beiden zweimal leicht abhob und die Unterschenkel dabei anwinkelte wie der Teenager auf einem der allseits gelobten Werbeplakate, die Rochus Fuchs für die Hessische Landesbank entworfen hatte. Dann sah Schmalenbach durch den Wasserschleier hindurch Pfeifenberger mit ausgestreckten Armen auf sich

zukommen – wahrscheinlich mit einer Entschuldigung, die die Blamage offenkundig machte. Schmalenbach fürchtete, ohnmächtig zu werden.

Was ihn rettete, war Carola.

Pfeifenbergers unermüdliche Gattin stand plötzlich in der Tür. Selbst der visuell eingeschränkte Schmalenbach entdeckte an ihren roten Bäckchen und dem Schimmer in ihren Augen, daß sie geweint hatte. Und noch etwas entdeckte Schmalenbach (wie alle anderen): In der kunstvoll toupierten Heiligabendfrisur von Carola Pfeifenberger hatte sich ein weißer Gänsepflaum verfangen. Er tänzelte kurz schwerelos auf der Spitze der Frisur, schien in der Luft stehenbleiben zu wollen, senkte sich aber dann über Carolas Stirn zu deren Nase, als der Hausherrin ein Aufschrei entfuhr: »Karl-Heinz, komm bitte sofort in die Küche!«

Carola blies den schönen, weißen Pflaum voller Abscheu bis in die Mitte des Zimmers und rannte dann vor dem vor Eifer leicht gebückten Pfeifenberger hinaus. Türen schlugen, aufgeregte Stimmen waren zu hören, jemand schrie und weinte dann.

Helga küßte Rochus Fuchs, als wären die beiden allein im Zimmer und die Lichter schon seit Stunden gelöscht. »Ich wußte es«, stieß sie atemlos hervor, sobald sie von ihm abließ. »Ich wußte es immer, du steckst sie alle in die Tasche.« Dabei schien ihre rechte Hand verstohlen etwas zu tun,

was selbst dem alles andere als verklemmten Schmalenbach unpassend erschien – zumindest an Heiligabend. Auch von Rochus Fuchs war ein Geräusch der Mißbilligung zu hören.

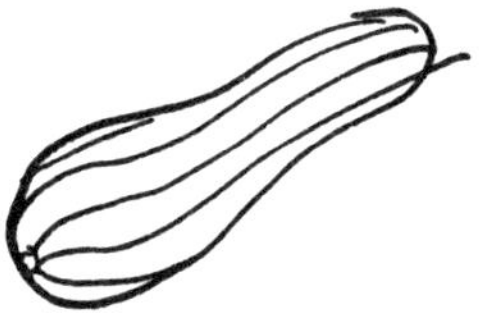

Elke zupfte an Schmalenbachs Ärmel. »Wäre das nicht auch was für dich gewesen, Schmalenbach? Du träumst doch schon seit langem von einem Wechsel und neuen Herausforderungen.«

Rochus und Helga hatten keine Blicke mehr füreinander, sie warteten auf Schmalenbachs Antwort, und Schmalenbach, der seine Begleitung verfluchte und die Zeiten zurücksehnte, in denen er solche Besuche allein absolvierte, räusperte sich, um Zeit zu gewinnen.

Er wartete auf Pfeifenberger, aber Pfeifenberger kam nicht. Schmalenbach mußte etwas sagen, und er sagte: »Eigentlich nicht, schließlich habe ich mir eine geachtete Stellung in der Agentur erarbeitet, ich habe einen eigenen Parkplatz, der Chef fragt mich um Rat, und der Pförtner hält seit Jahren jeden Winter Entfroster für mich bereit – also was will ich mehr? Riskante Projekte sind etwas für die Jugend – das war von jeher mein Motto. Herzli-

chen Glückwünsch, Rochus, ich hoffe, Pfeifenberger achtet auf dich, du weißt, er neigt geschäftlich manchmal zu waghalsigen Entschlüssen ...«

Rochus Fuchs gefror das Siegerlächeln zur Fratze eines Rasers im Moment des Radarfotos.

Pfeifenberger stürmte herein.

Gans würzig

»Leute!« rief er. »Bedient euch mit Spirituosen! In der Bar müssen auch noch Wodka und Korn stehen. Die Suppe kommt gleich, die Gans dauert noch ein Weilchen, aber es ist Heiligabend, und wenigstens an Heiligabend sollte man sich Zeit nehmen. Zum Frühstück gibt's übrigens Marme-

lade, die Carola selbst gekocht hat – nur falls jemand daran denkt, wegen des vielen Alkohols den Wagen stehenzulassen.«

In diesem Moment wußte Schmalenbach, daß etwas nicht stimmte. Aber bevor er sich darüber weitere Gedanken machen konnte, trat Pfeifenberger an ihn heran, umarmte ihn, drückte ihn an seine Brust und klopfte ihm mit der Rechten vier Mal hintereinander kräftig auf den Rücken.

Schmalenbach war perplex, er bewegte sich wie eine Gliederpuppe. Seine Füße schienen weit hinter ihm zurückzubleiben, als der kräftigere – oder genauer: dickere – Pfeifenberger sich seines Oberkörpers bemächtigte.

Pfeifenberger roch nach nichts.

Schmalenbach schnupperte, um sich zu vergewissern: Pfeifenberger wies nicht den Geruch auf, den er eigentlich aufweisen müßte, wenn es mit rechten Dingen zuging. Pfeifenberger war für Minuten in der Küche und in der Nähe des Herdes gewesen – und nichts an ihm, nicht mal seine Haare, die so dünn und geruchsaufnahmebereit waren wie ein in die Jahre gekommener Kuchenpinsel, nichts roch nach Braten, nach der fetten, braunen, stark angebratenen Haut der Gans, auf die Schmalenbach sich am meisten freute.

»Und du, mein alter Freund«, schnaufte Pfeifenberger so leise, als sei sein Trost nur für das Ohr Schmalenbachs bestimmt, aber auch so laut, daß

jeder im Raum ihn noch verstehen konnte. »Du bist mir hoffentlich nicht böse, daß ich deiner Bitte, dich in meine neue Agentur aufzunehmen, nicht nachkommen konnte! Sieh mal: So eine Agenturgründung ist ein riskantes Unternehmen, und man muß sich als Unternehmer dreimal überlegen, was man will: Einem lieben, alten Kollegen einen Gefallen tun oder schon zu Anfang einen frischen Wind in den neuen Laden lassen. Ich mußte mich für das zweite entscheiden, Schmalenbach, und ich bin sicher, das verstehst du!«

Es herrschte Totenstille, nur Grönemeyer gähnte unter dem Tisch so ausgiebig, daß sein Kiefer knarrte. Dann kicherte Helga, woraufhin Elke bitter »Na, denn Prost!« sagte.

Schmalenbach war drauf und dran, wortlos das Haus zu verlassen – ohne seine Begleitung, ohne von der Gans probiert zu haben, vor allem aber ohne Pfeifenberger gesagt zu haben, daß er seine Entscheidung verstand. Doch gerade als Schmalenbach tief seufzte und mit gesenktem Blick zur Tür schreiten wollte, kam Carola herein.

Menü 3

Rucola mit Kapern, Rosinen und Pinienkernen
Ravioli mit Spinat-Ricotta in Salbei-Butter
Spiegelei mit Mangold und Trüffeln
Schokoladenparfait mit Orangensauce

Gans knackig

Wiederum ein leichtes Menü, von dem sich vieles vorbereiten läßt. Das Dessert müssen Sie sogar am Vortag zubereiten, damit es richtig durchfrieren kann.

Rucola mit Kapern, Rosinen und Pinienkernen

Im Washingtoner »Kinkead's« gibt es diesen Salat als große Portion zum Business-Lunch, was zeigt, daß er sehr gehaltvoll sein kann. Als erster Gang im Menü hingegen dient er lediglich der Anregung des Appetits.

Zutaten (für 4 Personen): 1 Bund Rucola, 1 Röhrchen Kapern, 2 EL Rosinen (1 Stunde eingeweicht), 2 EL Pinienkerne, 50 g Parmesan, Salz, Pfeffer, Weißweinessig, Walnußöl, Zucker.

Den Salat verlesen, zu dicke Stiele abzwacken, waschen und trockenschleudern. (Sollten Sie noch keine Salatschleuder besitzen, wäre es an der Zeit, sich eine solche anzuschaffen. Oder sie sich schenken zu lassen.) Aus Salz, Pfeffer, Essig und Öl eine Vinaigrette rühren; eine Prise Zucker zugeben. In einer Schüssel über den Salat träufeln, schnell durchmischen und die

Blätter auf Tellern verteilen. Die Pinienkerne, die ausgedrückten Rosinen und die abgetropften Kapern) drüberstreuen; den Käse in dünne Scheibchen hobeln und dekorativ auf dem Salat verteilen. Dazu frisches Baguette.

Ravioli mit Spinat-Ricotta in Salbei-Butter

Das mag sich nach viel Arbeit anhören, aber sowohl der Nudelteig als auch die Füllung lassen sich gut vorbereiten. Alles weitere macht zudem Spaß, deshalb helfen erfahrungsgemäß alle gern dabei.

Teig: 250 g Mehl, 2 Eigelb, 1 Ei, 1 EL Olivenöl, Salz.
Füllung: 250 g Spinatblätter, 1 Knoblauchzehe, 1 EL Butter, 150 g Parmesan, frisch gerieben; 200 g Ricotta, 1 Eigelb, Salz, Pfeffer, Muskat; 2 EL Butter, 1 Handvoll Salbeiblättchen.

Die Zutaten zu einem Teig verarbeiten, in Klarsichtfolie hüllen und 1 Stunde an einem kühlen Ort liegenlassen. In der Zwischenzeit den Spinat putzen, waschen, kurz blanchieren, das heißt: in wenig Wasser erhitzen und zusammenfallen lassen.

Dann wird er gut ausgedrückt, fein gehackt und in der Butter mit der durchgepreßten Knoblauchzehe kurze Zeit gedünstet. Salzen, pfeffern und Muskat darüber reiben. Nun mit den

übrigen Zutaten gut verrühren und nochmals abschmecken. Den Teig dünn ausrollen und mit einem Glas Kreise mit ca. 8 cm Durchmesser ausstechen. Jeder kriegt 4 Ravioli, also brauchen Sie, bei 4 Personen, 16 runde, dünne Küchlein. Nun setzen Sie je 1 Teelöffel der Füllung auf jeden der Kreise und zwar nicht ganz in die Mitte, so daß Sie die Hälfte darüberklappen können. Zusammendrücken, damit die Füllung beim Kochen nicht herausquillt. Die Ravioli werden nun in leise kochendem Salzwasser, dem Sie einen Schuß Olivenöl zugegeben haben, gegart, was etwa 8 Minuten dauert. Wenn Sie sicher gehen wollen, machen Sie 1 oder 2 Täschlein mehr, damit Sie probieren können. Mit dem Schaumlöffel herausnehmen, gut abtropfen lassen und auf gewärmte Teller verteilen. Unmittelbar vor dem Servieren lassen Sie in einer Pfanne die andere Butter aufschäumen, braten darin kurz die Salbeiblättchen und übergießen damit die Ravioli.

Spiegelei mit Mangold und Trüffeln

Bevor das Gezeter losgeht: Man kann auch andere Pilze nehmen. Dünne, gebratene Champignonscheiben zum Beispiel. Oder Shiitake. Frische Steinpilze natürlich auch, nur sind die zu Weihnachten schwer zu kriegen. Vielleicht haben Sie im Herbst so viele gesammelt, daß Sie welche einfrieren mußten? Nun wäre dafür Verwendung. Dennoch, keine Frage: Am besten schmeckt's mit Trüffeln. Und ist am festlichsten. 60–80 DM sind Sie dabei zwar schnell los, aber die können auch bei einem Braten aus edlem Fleisch oder bei Fischen draufgehen. Die Anregung für dieses Rezept stammt von Friedel Meier im schönen Landgasthof »Zur Sonne« in Johannesberg bei Aschaffenburg. Er nimmt Spinat, wir Mangold. Alsdann:

Zunächst zum Mangold. Hier werden nur die grünen Blätter, ein knappes Kilo etwa, gebraucht, die weißen Stengel verwenden Sie anderweitig. Die Blätter waschen, übereinanderlegen und in schmale, möglichst feine Streifen schneiden. In einem Topf in heißem Olivenöl andünsten, wobei sich das Volumen der Blätter beträchtlich verringert. Salzen, etwas Zitronensaft dazugeben, frisch geschroteten schwarzen Pfeffer gleichfalls

Muskat. Mischen und auf großer Flamme bei ständigem Rühren garen, damit möglichst viel von der dem Gemüse innewohnenden Flüssigkeit verdampft. Die ersetzen Sie, nach 8 bis 10 Minuten durch Sahne; nicht zuviel, denn Sie möchten ja keine Suppe zubereiten. Sondern Rahm-Mangold, der eher cremig sein sollte. Crème double wäre dafür auch nicht schlecht. Bitte keine Crème fraîche, die ist für unseren Zweck zu säuerlich. Bitte nochmals abschmecken und warmstellen.

Nun braten Sie in steigender Butter pro Person höchstens 2 Spiegeleier, salzen Sie und setzen diese in die Mitte eines jeden Tellers. Den Rahm-Mangold verteilen Sie hübsch drum herum und hobeln sodann um das Gemüse herum dünne Scheiben von einer schwarzen Trüffel. Je mehr desto besser.

Schokoladenparfait mit Orangensauce

Die dunkle Schokolade und die leuchtende Orange passen nicht nur optisch gut zusammen, sondern ergänzen einander präch-

tig im Geschmack. Infolgedessen und weil das Essen bislang nicht pappsatt gemacht hat, wird sich der eine oder andere zweimal nehmen wollen. Kein Problem, es reicht dafür.

Zutaten ***Parfait:*** *2 Eier, 1 Eigelb, 1 Eiweiß, 150 g Halbbitterschokolade (am besten Kuvertüre), 80 g Zucker, 250 ml Sahne, 100 ml Milch.*
Sauce: *1 EL Zucker, Saft von 3-4 Orangen (1/4 l), 4 EL Grand Marnier, 3 El eiskalte Butter, 2 EL in feine Streifchen geschnittene Schale einer unbehandelten Orange (1 Minute in kochendem Wasser blanchiert).*

Zubereitung: Die in Stücke gebrochene Schokolade im Wasserbad schmelzen. Die 2 ganzen Eier sowie das Eigelb zusammen mit dem Zucker gut verrühren, die kochende Milch einrühren. Die geschmolzene Schokolade dazugeben und alles in kaltem Wasser, auf Eis (oder Schnee) wieder kaltrühren. Zunächst das steifgeschlagene Eiweiß schnell unterheben, dann die steifgeschlagene Sahne. In eine Schüssel füllen und im Eisfach gefrieren lassen, am besten über Nacht. 1 Stunde vor dem Auftragen in den Kühlschrank stellen, damit das Parfait wieder etwas weicher wird. Mit einem Eisportionierer, der immer wieder in heißes Wasser getaucht wird, Kugeln formen und servieren. Mit einem Eßlöffel geht's aber auch.

Für die Sauce den Zucker in einer Kasserolle leicht karamelisieren lassen. Orangensaft angießen, unter Rühren loskochen und sprudelnd etwas einkochen lassen. Nun den Likör dazu, und mit der kalten Butter binden, die Stückchen für Stückchen mit dem Schneebesen eingerührt wird. Nicht mehr kochen lassen. Schließlich die gut abgetropften Streifen der Orangenschale einrühren.

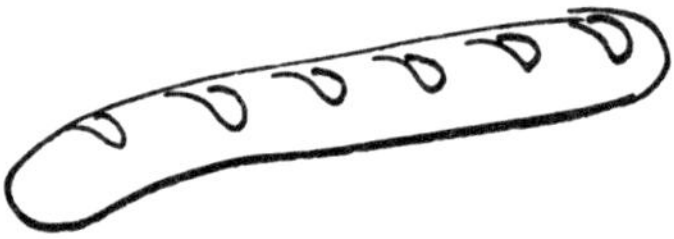

Die Sauce sollte lauwarm und deutlich weniger süß sein als das Parfait. Durch die Butter wird sie zwar wunderbar sanft, aber Kinder mögen sie vielleicht süßer. Also entweder noch etwas Zucker dazugeben – und den Likör weglassen – oder die Sauce in zwei Portionen zubereiten. Freilich können Sie auch darauf hoffen, daß den lieben Kleinen das Parfait genug ist.

Sie schoß an Schmalenbach vorbei, schenkte ihrem Gatten, der sich erschrocken nach ihr umwandte, keinerlei Beachtung, ließ sich auf einen Stuhl nieder, goß sich einen solchen Schwall Rotwein ins erstbeste Glas, daß die blütenweiße Tischdecke sofort ein sich unaufhaltsam ausbreitendes Fleckengeschwür davontrug, und begann, nachdem sie den ganzen Schoppen in einer Bewegung ausgetrunken hatte, haltlos zu weinen.

Da beschloß Schmalenbach zu bleiben.

Natürlich kümmerten sich die beiden Frauen sofort rührend um Carola, wobei die in diesen Dingen etwas unerfahrene Helga der Gastgeberin monoton auf den Rücken klopfte, so daß jeder Schlag hohl im Brustraum Carolas nachklang, und Elke vor der Weinenden niederkniete, um sie in einem sanften Therapeuten-Tonfall zu beschwören: »Laß uns reden, laß uns über alles reden! Wir Frauen müssen reden. Falls du dich dann nicht besser fühlst, schicken wir die Männer hinaus – und du kannst dich aussprechen.«

Das wiederum bewog Helga dazu, von Carola abzulassen und Rochus Fuchs zu fragen: »Was wollt ihr Typen denn da draußen?«

Als Schmalenbach bemerkte, daß Pfeifenberger an beiden Händen zitterte, fragte er den Gastgeber genüßlich: »Hat sie das schon öfter gehabt?«

Pfeifenberger schaute Schmalenbach groß an und antwortete fahrig: »Ach was!«

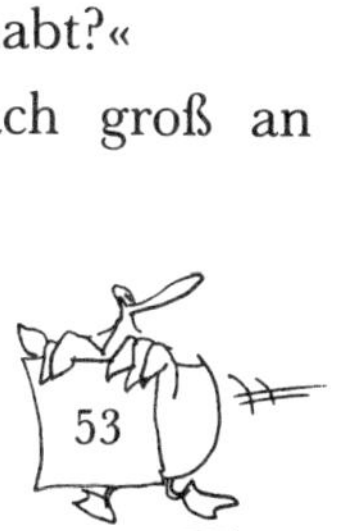

Carola putzte sich die Nase, goß Rotwein nach, bis die Flasche leer war, trank auch dieses Glas in einem Zug aus und schaute dann kraftlos auf.

»Mir geht alles daneben, ich bin zu nichts nütze!«

Alle sahen Pfeifenberger vorwurfsvoll an, und der brauchte eigentlich viel zu lange, bis er sich an Carola wandte: »Das stimmt doch nicht, Schatz. Du bist großartig, du sprichst drei Fremdsprachen . . . «

»Zwei!« verbesserte ihn Carola. »Und Englisch habe ich auf der Mittelschule nur zwei Jahre gehabt.«

»Was macht das schon? Du bist ein liebenswerter Mensch, du verstehst es, eine angenehme Atmosphäre um dich herum zu verbreiten, und du . . . « Er stockte und sah sich in der Runde nach Hilfe um.

»Na was?!« drängte Carola mit fester Stimme.

»Sie sind eine wunderbare Köchin!« sprang Rochus Fuchs in die Bresche. Daraufhin erlitt Carola den nächsten, weit schlimmeren Heulkrampf.

Elke drängte sich vor: »Ist was mit der Gans?«

Carola hörte schlagartig zu heulen auf und schaute sie groß an: »Wie kommst du denn darauf?«

Die Elke lächelte sie gnädig an: »Stimmt's, du hast sie zu lange im Ofen gelassen? Das ist eben die Kunst bei Gänsen, meinem Onkel, dem Wasserballnationalspieler, ist das auch ein oder zwei Mal passiert. Aber da gibt es einen einfachen Trick: Man zieht die Haut ab. Das Fleisch ist in fast allen Fällen zu retten. Zur Not kann man ein wunderbares Ragout daraus machen. Carola, laß uns jetzt, bitte, alle zusammen in die Küche gehen und ein Ragout kochen. Sowas macht unheimlichen Spaß, wir haben das bei Schallers mal mit einer völlig verkochten Rinderbrust gemacht ...«

Pfeifenberger unterbrach sie unwillig: »Wir sind hier nicht bei Schallers! Und keiner geht in die Küche!«, woraufhin Carola ihren dritten Heulkrampf erlitt und Pfeifenberger vollends die Nerven verlor. Er schrie seine Gattin an: »Nun reiß dich endlich zusammen, dummes Ding! Nicht mal an Weihnachten geht's ohne Szene ab, ich brauche eine Frau, die mich unterstützt, keine Heulsuse, auf die ich aufpassen muß wie auf ein Kind ...«

Carola sprang auf, sie wehrte sich heftig: »Willst du mir jetzt etwa auch noch vorwerfen, daß ich keine Kinder bekommen kann?!«

Pfeifenberger rang nach Luft.

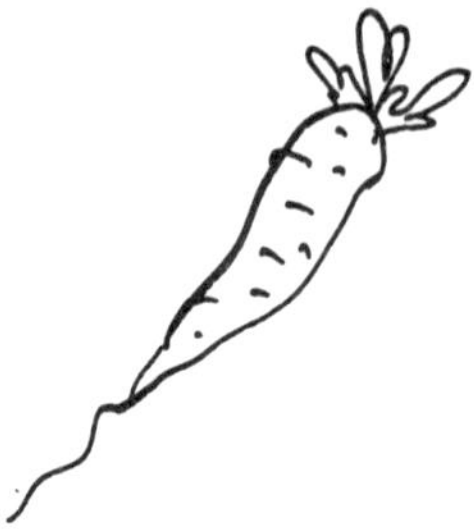

Helga tätschelte Carolas Hand. »Das hat er doch gar nicht gesagt. Und wenn du wirklich keine Kinder bekommen kannst... Ich meine, sowas liegt auch oft am Mann. Nicht wahr, Rochus, erzähl doch mal von deiner letzten Spermienzählung! Die meisten Männer produzieren einfach nicht mehr genug Spermien. Die Ärzte sagen, das liegt an den Umweltgiften, aber ich bin mir sicher, es liegt daran, daß sie in jeder freien Minute heimlich onanieren....«

Rochus Fuchs schoß das Blut in den Kopf. Er fuhr seine schöne Freundin an: »Halt endlich deinen Mund!«

Helga schlug die rechte Hand über ihre Lippen, als wäre ihr unbeabsichtigt etwas herausgerutscht. »Hätte ich das jetzt nicht sagen dürfen, Rochus? Du weißt, ich will dir nicht wehtun.«

»Es ist doch auch nichts Schlimmes, wenn man als Mann zeugungsunfähig ist«, mischte sich Elke engagiert ein. »Hauptsache, man ist zärtlich und sensibel im Umgang mit dem Partner.«

»Hauptsache, man erreicht was im Leben«, konterte Rochus Fuchs, »und hockt nicht seit Jahrzehnten in der gleichen Besenkammer.«

Das war eine deutliche Anspielung darauf, daß – aufgrund undurchsichtiger Verteilungsverhältnisse – der Volontär Rochus Fuchs in der Werbeagentur ein größeres Büro hatte als der stellvertretende Textchef Schmalenbach.

Schmalenbach sah rot. Er entgegnete Rochus Fuchs bebend: »Es kommt immer darauf an, wie man etwas erreicht. Warst du es nicht, der in der letzten großen Konferenz eine Zeichnung von Pfeifenberger für den Jahresbericht der Schornsteinfeger-Innung ablehnen wollte? Du hast ihn einen einfallslosen Fünfziger-Jahre-Epigonen, der heute noch HB-Männchen zeichnet, genannt.«

Das saß. Rochus Fuchs öffnete zwar den Mund – er brachte aber kein Wort heraus.

Dafür entfuhr es Pfeifenberger: »Quotenossi!«

Carola schlug mit ihrer kleinen Faust auf den Tisch, daß die Gläser schepperten. »Schluß jetzt! Es ist Heiligabend!«

In diesem Augenblick öffnete sich durch einen Luftzug aus der Küche ganz langsam die Tür, und eine Gans watschelte ins Wohnzimmer.

Sie sah aus, als wäre sie einem Bauernhof-Bilderbuch für Kleinkinder entstiegen. Die Pfeifenbergersche Gans hatte einen rotbraunen Schnabel mit einer dicken Warze und ein elfenbeinfarbenes Gefieder, ihre Füße hatten die gleiche Farbe wie der Schnabel und waren so breit, daß sie bei jedem Schritt ein schweres Klatschen auf dem Parkett verursachten.

Die Gans bei Pfeifenbergers benahm sich für eine Gans, die eigentlich längst in den Backofen gehörte, erstaunlich unbefangen. Sie schaute erst jeden Gast einzeln groß an, drehte dann eine Runde um einen freien Stuhl, blieb schließlich stehen und schnatterte.

Grönemeyer sprang unterm Tisch auf und bellte laut, was die Gans so erschreckte, daß sie drei unsichere Schritte rückwärts watschelte.

Rochus Fuchs riß seinen Cockerspaniel am Halsband, das lose um das Stuhlbein gelegt war, zurück. Dann wies er ihn in der Art heuchlerischer

Hundebesitzer zurecht, die nur halbherzig und allenfalls zur Beruhigung ihrer verängstigten Mitmenschen tadeln. Mit auf Nasenhöhe erhobenem Zeigefinger gurrte er verstohlen grinsend: »Du läßt jetzt die Gans in Ruhe, Grönemeyer, die geht dich nichts an!«

»Ich dachte, die wär' schon im Ofen?!« wandte sich Elke besorgt an Pfeifenberger.

Pfeifenberger lief rot an und schrie: »Das dachte ich auch!«

Diesmal erlitt Carola keinen Weinkrampf. Sie putzte sich nur schon wieder die Nase, zerknüllte das durchnäßte Papiertaschentuch zu einer steinharten Kugel, steckte es in die Seitentasche ihrer Küchenschürze und zischte ihren Gatten an: »Warum tust du's denn nicht, Feigling?!«

Pfeifenberger schnappte nach Luft. »Ist das nun die Sache der Hausfrau oder nicht?!«

»Tiefstes Mittelalter!« hauchte Elke Schmalenbach ins Ohr und legte dann Carola kameradschaftlich ihre Hand auf den Unterarm.

Rochus Fuchs klatschte in die Hände. »Also, wo ist das Problem?« Dabei sah er mit seinem flachen

Jungengesicht so arglos in die Runde, als wäre er gerade eben von einer Schneeballschlacht hereingekommen. Mit der gleichen Frage und der gleichen Pose hatte er sich auf der Krisensitzung, bei der über den Verkauf der Agentur an einen amerikanischen Reifenkonzern beraten werden sollte, viele Freunde – aber auch viele Feinde – gemacht.

Carola antwortete gelassen: »Das Problem ist, daß wir sechs Leute sind, die am Heiligabend eine Gans verspeisen wollen, daß aber der Gastgeber bis jetzt nicht in der Lage war, dieser Gans den Hals umzudrehen!«

»Verstehe!« sagte Rochus Fuchs kleinlaut und flüsterte mit Helga, die immer noch nicht verstanden zu haben schien, was vorging.

Pfeifenberger schüttelte verständnislos den Kopf. »Wie kann man auch nur so blöd sein, eine Gans lebend zu kaufen!?«

Carola kämpfte wieder mit den Tränen. »Weil sie auf dem Biobauernhof ›Hobbitsmühle‹ schon aus Prinzip keine ermordeten Tiere verkaufen. Die lieben dort nämlich ihr Vieh!« verteidigte sie sich mit schwacher Stimme.

»Und warum bist du dann nicht einfach zum Metzger im Supermarkt gegangen und hast eine halbe Weihnachtsgans verlangt?«

»Weil du gesagt hast, wir zeigen den profillosen Mitläufern aus der Agentur mal, was moderne Lebensart ist. Und du hast gesagt, das Fleisch aus der ›Hobbitsmühle‹ schmeckt einfach herzhafter als das aus dem Supermarkt. Genau das hast du gesagt – und zwar gleich mehrmals.«

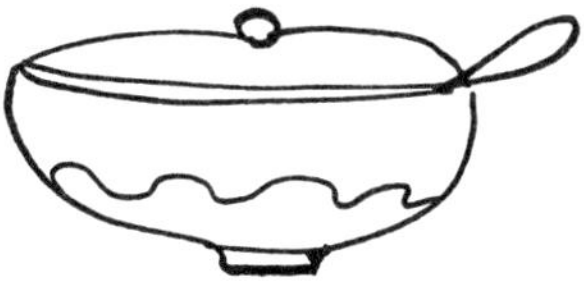

Pfeifenberger atmete tief durch. »Das mag ja sein, aber das heißt doch nicht, daß du gleich ein lebendes Tier erstehen mußt, Moppel ...«

»Nenn mich nicht Moppel!« fuhr seine Frau Carola ihn an. »Zumindest nicht vor wildfremden Menschen!«

Menü 4

Sauerkrautsalat mit Ananas und Pistazien
Setzeier nach Art der Markthändlerin
Anna-Kartoffeln, Steinpilze und Feldsalat
Honigparfait mit Rotweinpflaumen

Gans heiß

Auch dieses Menü kommt eher daher getänzelt als kalorienschwer geschlurft. Langwierige Vorbereitungen sind ebenso wenig erforderlich wie stundenlanges Kochen; das Dessert wird am Vortag gemacht, alles übrige ist schnell erledigt.

Sauerkrautsalat mit Ananas und Pistazien

Zum Sauerkrautsalat wird rohes Kraut genommen, es sollte nicht einer Büchse entstammen. Viel delikater ist es zudem, wenn Sie das Kraut kurz erwärmen, denn es nimmt dann die Aromen besser an. Auch sollten Sie es nicht waschen, sondern nur gut ausdrücken und klein schneiden. Dann läßt es sich besser mischen und zierlicher essen.

Zutaten: 1 Pfund Sauerkraut, 1/2 frische, reife Ananas, 2 EL Olivenöl, 2 EL Orangensaft, 1 TL Szechuan-Pfeffer (»Rosa Beeren«), 2 EL Pistazien.

Das Sauerkraut also gut ausdrücken, feinschneiden, in einem Sieb über Wasserdampf wärmen und dabei auseinander zupfen. Die Ananas in Würfel schneiden und unter das Kraut mischen, gleichfalls den Szechuan-Pfeffer. Olivenöl und Oran-

gensaft über das Kraut geben und gut durchrühren. Auf Teller verteilen, die Pistazien hacken, den Salat damit bestreuen und servieren.

Setzeier nach Art der Markthändlerin

Eigentlich ein Frühlingsgericht; die Beschaffung von Sauerampfer oder eines der Kräuter kann also für diejenigen, die nicht in einer Großstadt wohnen, zur Weihnacht schwierig sein. Da ist dann Flexibilität gefragt, will sagen: nehmen, was zu haben ist. Besser ist frühzeitiges Bestellen.

Dafür brauchen Sie bei 4 Personen: je eine Handvoll frische Salatblätter, Sauerampfer und Spinat; sodann Kerbel, Petersilie, Schnittlauch, Estragon; Salz, Butter; 8 frische Eier.

Den Backofen auf 220° vorheizen. Das Grünzeug aufeinanderlegen und in Streifen schneiden: auf Küchen-Fachfranzösisch nennt man das eine »Chiffonade«. In einem Sieb in kochendem Wasser kurz blanchieren (weniger, um die Kräuter zu garen; sie sollen vor allem zusammenfallen), in kaltem Wasser abkühlen und gut ausdrücken. In einer backofentaugli-

chen Pfanne Butter heiß werden lassen, die Kräutermischung darin verteilen und umrühren, damit sie möglichst viel Feuchtigkeit verlieren. Leicht salzen. Die Eier, Stück für Stück, aufschlagen und hübsch in der Pfanne plazieren, salzen und pfeffern (weiß). Ab in den Backofen; nach ca. 8 Minuten bei 220° sind sie gar; jeder kriegt zwei. Besonders hübsch sehen die Eier aus, wenn Sie sie jedem Gast in einem passenden, ofenfesten Förmchen servieren. Selbstverständlich können Sie auch Rühreier auf entsprechende Weise zubereiten.

»Anna-Kartoffeln«

heißt ein Gericht, das lange in der feinen Küche eine große Rolle gespielt hat und leider in Vergessenheit geraten ist. Sehr zu unrecht, wie Sie gleich sehen und vor allem schmecken werden, wenn Sie es zubereiten.

Es handelt sich dabei um ein Gratin ohne Sahne – um Bratkartoffeln aus dem Backofen, könnte man sagen. Was Sie brauchen: festkochende Kartoffeln, etwa 750 g; Butter (schmalz), getrockneten Thymian; sodann getrocknete Steinpilze, ca. 25 g; 150 g Feldsalat, 1 Schalotte, Sherry-Essig, Olivenöl, Salz, Pfeffer.

Die Steinpilze einweichen, ausdrücken, gut säubern und auf Küchenpapier trocknen, so gut es geht. Die Kartoffeln schälen, waschen und in sehr dünne Scheiben (2 mm dick) hobeln oder schneiden. Den Backofen auf 250° vorheizen. Zunächst aber wird auf dem Herd gearbeitet. Dort erhitzen Sie ein schweres, flaches Geschirr (am besten aus emailliertem Gußeisen). Darin lassen Sie Butterschmalz zergehen (oder Butter, die Sie selbst geklärt haben). Wieviel Butter? Das ist schwer zu sagen: jedenfalls soviel, daß die Kartoffelscheiben nicht anbrennen. Die legen Sie nun schön kreisförmig in die Form (eine Pfanne, die keinen Holz- oder Plastikstiel hat, geht auch). Jede Schicht salzen, pfeffern und mit dem zerriebenen Thymian bestreuen. Mit den Steinpilzen belegen. Und so fort, wobei die Kartoffeln auf dem Herd immer munter brutzeln. Die letzte Schicht sind Kartoffeln.

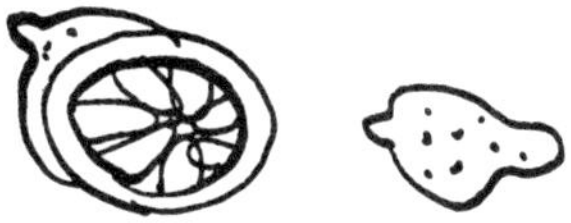

Schließlich, wenn Sie alle Kartoffeln verbraucht haben, setzen Sie nicht zu wenig Butterflöckchen obendrauf und ab mit der Form/Pfanne hoch oben in den Backofen. Etwa 10 Minuten garen lassen, dann die Oberhitze zuschalten, damit Ihr Gratin auch auf der Oberseite hübsch braun wird. Viel Zeit brauchen die dünnen Scheibchen nicht.

Pommes Anna lassen sich sogar stürzen – wenn Sie mit dem richtigen Geschirr, der passenden Hitze und mit genügend

Butter gearbeitet haben. Das sieht so ansprechend aus und schmeckt so lecker, daß bestimmt jemand sagen wird: »So gute

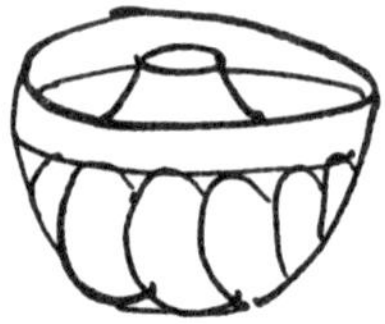

Bratkartoffeln habe ich noch nie gegessen!«. Dazu servieren Sie den Feldsalat mit der feingehackten Schalotte und einer Vinaigrette aus den oben genannten Zutaten.

Honigparfait mit Rotweinpflaumen

Süßes und Fruchtiges – eine Dessert-Standardkombination. Wichtig ist auch hier der geschmackliche Kontrast, der Spannungsbogen, sozusagen. Die Pflaumen sollten also deutlich weniger gesüßt sein als das Parfait.

Parfait: 10 cl Riesling, 150 g Waldhonig (oder ein anderer, aromatischer, nicht zu süßer Honig); 3 EL Zucker, 1/2 Vanillestange, 5 Eigelb, 1/2 l Sahne.

Den Honig in dem Wein auflösen. Die Eigelb mit dem Zucker und dem Wein-Honig vermischen; die aufgeschlitzte Vanillestange dazu geben. In einer Schüssel über einem Topf mit heißem Wasser aufschlagen, bis die Masse hell und schau-

mig wird. Vom Feuer nehmen, die Vanillestange auskratzen und entfernen; die Schüssel in kaltes Wasser oder auf Eis stellen und den Inhalt kalt rühren. Die Sahne steif schlagen, unterziehen, und das Parfait über Nacht ins Eisfach stellen. 1 Stunde vor dem Servieren im Kühlschrank wieder etwas weich werden lassen.

***Rotweinpflaumen**: Trockenpflaumen 1. Qualität (am besten sind französische aus Agen); 1 TL abgeriebene Schale einer unbehandelten Orange, 1 Stückchen Zimtstange; 1 EL Honig, 3 EL Orangensaft; trockener, fruchtiger Rotwein, z. B. Côte-du-Rhône).*

Den Honig mit dem Orangensaft und der Zimtstange zum Kochen bringen. Die Pflaumen, die Steine können Sie drinlassen, dazugeben, die Orangenschale gleichfalls. Mit dem Wein aufgießen, kurz aufkochen und abkühlen lassen. Dann an einem kühlen Ort zugedeckt ziehen lassen, mindestens eine Nacht lang. Zu dem Parfait servieren.

Die Mengenangaben sind bewußt vage, denn von den Pflaumen sollten Sie ruhig mehr machen, denn sie halten sich gut. Zum Parfait genügen 4 bis 6 Stück pro Person.

Pfeifenberger gab sich Mühe, versöhnlich zu klingen. »Aber Carola, sie sind doch keine wildfremden Menschen für uns! Und an die Formulierung ›profillose Mitläufer‹ kann ich mich beim besten Willen nicht erinnern.«

Carola sah sich um, lächelte, dann hob sie ihr frisch gefülltes Glas, prostete jedem einzeln zu, trank dann wieder einen viel zu großen Schluck und sagte leise: »Entschuldigung!«

Damit war das Eis gebrochen, und selbst die Gans, die dem Disput regungslos und mit nach hinten gebogenem Hals gefolgt war, watschelte vertrauensselig wieder drei Schritte in Richtung Tisch, hielt aber – mit einem Bein in der Luft – verängstigt inne, als Grönemeyer unterm Tisch gefährlich knurrte.

Alle tranken ihre Gläser leer, der Hausherr holte zwei frische, längst entkorkte Flaschen Rotwein von der Anrichte, schenkte beidhändig und großzügig nach und erhob sein Glas. Wieder tranken alle. Helga sagte noch »Jetzt aber auf Ex!«, bevor sie ansetzte.

Als die Gläser wieder auf dem Tisch standen, und Pfeifenberger sich die Hände rieb, schnatterte die Gans. Rochus mußte Grönemeyer wieder zurückreißen, und die Gans hob leicht die Flügel und flatterte vor Angst – ein wenig.

»Essen wir doch einfach erst mal die Grünkernsuppe«, schlug Pfeifenberger vor.

Daraufhin stürzte Carola in die Küche und kam nur wenig später mit einer dampfenden Terrine zurück, aus der sie geschickt eine graugrüne, leicht nach Haferflocken riechende Flüssigkeit in die Suppenteller austeilte.

Die Gäste hatten großen Hunger. Sie schlangen die heiße Suppe herunter und befanden sie einhellig für ausgezeichnet. Carola strahlte wieder, und die Gans begann eine vorsichtige Wanderung um den Tisch, wobei sie wie ein Seemann hin und her wankte und darauf achtete, dem lauernden Grönemeyer nicht zu nahe zu kommen.

Carola teilte wieder Grünkernsuppe aus. Jeder bekam noch einen halben Teller, dann war die Terrine leer. Eilig löffelten sie wieder. Dann herrschte Stille. Nur das behäbige Tapsen der breiten Gänsefüße auf dem Parkett war zu hören – und das Magenknurren der Anwesenden, denn in der Hektik der Heiligabendvorbereitungen war keiner von ihnen tagsüber zum Essen gekommen.

Alle blickten erwartungsvoll auf Pfeifenberger.

Der Gastgeber legte den Suppenlöffel weg, putz-

te sich den Mund mit der Stoffserviette ab und erklärte dann in dem souverän klingenden Baß, den alle an ihm bewunderten: »Dann will ich die Sache mal in die Hand nehmen!«

Er stand auf, wollte hinaus, kehrte dann aber wieder um, drückte Carola einen Kuß auf die Wange und sagte: »Nichts für ungut!«

Helga applaudierte, und Rochus bellte zackig: »Mein Freund Pfeifenberger!!!«

Pfeifenberger riß die Tür auf und machte eine Bewegung, als wollte er die Gans aus dem Zimmer wedeln. Die Gans aber watschelte rückwärts – verschreckt durch den Luftzug oder durch Pfeifenbergers kokette Schlachterpose.

Pfeifenberger klatschte in die Hände. »Nun aber!« schrie er so überzeugend, als schlachte er Tag für Tag Gänse und sei mit ihrer simplen Psy-

che wohlvertraut. Die Gans bog ihren Hals nach hinten und schnatterte.

Pfeifenberger ging auf sie zu. Wieder klatschte er in die Hände. Die Gans schnatterte noch heftiger.

»Sie hat Angst!« erklärte Helga.

»Nicht mehr lange!« tönte Pfeifenberger.

Schmalenbach wunderte sich über Pfeifenbergers Kaltblütigkeit. Offensichtlich härtete ein Leben als selbständiger Cartoonist doch anders ab als die angestellte Tätigkeit, der Schmalenbach in der Agentur nachging. Pfeifenberger war in seinem Element, er ahmte sogar das Geschnatter der Gans

nach und machte sich derart über das zu Tode verängstigte Geschöpf lustig. Selbst seine Gattin Carola hatte wieder ihre alte Form wiedergefunden. »Pfeifenberger! Du schaffst es!« schrie sie auf. »Zeig's ihr!«

Auch Rochus Fuchs und seine Helga faßten sich an den Händen und feuerten Pfeifenberger an.

Schmalenbach aber fragte – genau in dem Moment, in dem Pfeifenberger nach dem Hals der

Gans fassen wollte: »Wie willst du sie eigentlich töten?«

Pfeifenberger hielt inne. Er wandte sich zu Schmalenbach um und antwortete: »Wie man eine Gans halt tötet: Man dreht ihr den Hals um!«

»Und das kannst du?« wollte Schmalenbach von Pfeifenberger wissen.

Bevor der Hausherr antworten konnte, sprang Elke bei: »Mein Onkel, der Wasserballnationalspieler, hat die Gänse nach dem Rupfen immer mit einer Fackel behandelt. Er sagte, dadurch kommt nichts vom Pflaum an den Braten. Es stank höllisch und manchmal schmeckte das Gänsefleisch nach Holzkohle.«

Schmalenbach griff diesmal ein, bevor ein anderer es tat: »Aber da war die Gans doch schon geschlachtet – hoffe ich zumindest für den Wasserballnationalspieler.«

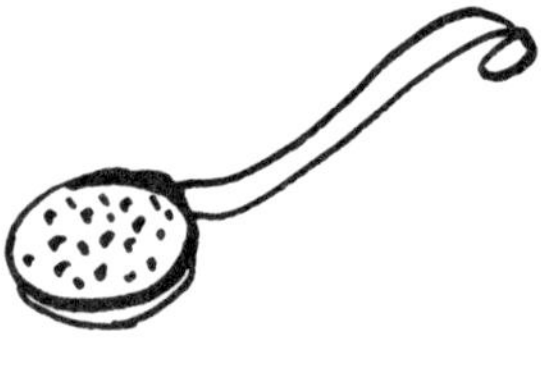

Nun hatte sogar Rochus Fuchs etwas beizutragen: »Bei uns in Chemnitz hat das immer ein polnischer Schlachter erledigt. Er hat die Gans am Hals gepackt und sie solange in der Luft gedreht, bis sie nicht mehr flatterte. Dann hat er ihr mit

einem Beil den Kopf abgeschlagen. Einmal habe ich gesehen, daß eine Gans ohne Kopf wieder angefangen hat zu flattern. Mindestens einen Meter hoch ist sie geflogen. Das Blut schoß ihr in einem fingerdicken Strahl aus dem Hals ...«

Pfeifenberger war bleich geworden. Er ging zur Anrichte und kippte einen Grappa hinunter. Dann gab er sich einen Ruck und wandte sich wieder der Gans zu. Die Gans schnatterte.

Pfeifenberger schaute sich um und bemerkte, daß sechs Augenpaare ihn anstarrten – und er verstand, daß es kein Zurück mehr für ihn gab: Er griff nach der Gans. Die Gans wich zurück, das heißt: ihr Hals wich zurück. Pfeifenberger machte diese Geste der Angst Mut, er versuchte, mit einem entschlossenen Griff, den nervösen Hals zu fassen zu bekommen – da geschah es. Der Hals der Gans nahm einen Anlauf und schoß dann vor wie eine Natter.

Die Gans biß Pfeifenberger in die Hand.

Pfeifenberger ballte die gebissene Hand zur Faust und drückte sie erschrocken in seinen weit offenen Mund.

»Jetzt reicht's!« empörte sich Carola. »Das Vieh gehört in den Ofen!«

Pfeifenberger ließ sich auf einen Stuhl fallen und setzte eine Rotweinflasche an. Er trank lange und gierig. Pfeifenberger war fertig. Die Gans hatte ihn geschafft.

»Und jetzt?« fragte Elke.

»Grönemeyer!« rief Helga aus. Rochus Fuchs schaute seine Freundin verständnislos an.

»Du könntest ihn von der Leine lassen«, schlug Helga aufgeregt vor. »Er würde es dem Mistvieh schon zeigen.«

Rochus Fuchs fand sofort Gefallen an der Idee – nicht zuletzt, weil er zu hoffen schien, mit Grönemeyers Hilfe in Pfeifenbergers Gunst wieder etwas zu steigen. Er bückte sich schon zum Karabinerhaken am Halsband Grönemeyers, der so gierig schnaufte, als hätte er jedes Wort verstanden, als Carola schrie: »Erstens ist unsere Gans kein Miststück. Sie kommt immerhin von der ›Hobbitsmühle‹ und nicht aus der Aldi-Tiefkühltheke!«

»Bei Aldi gibt's keine Tiefkühltheke!« verbesserte Helga die Gastgeberin schnippisch.

»Das weißt du sicher besser als ich!« konterte Carola. Und Rochus Fuchs, der etwas spät bemerkt hatte, daß Helgas Idee seinen Stellenwert bei Pfeifenbergers eher senkte als hob, schüttelte mißbilligend den Kopf: »So hat Helga das bestimmt nicht gemeint. Hör mal, Carola: In der freien Natur ist es ganz normal, daß ein streunender Hund eine Gans reißt – das ist nun mal so, die Welt ist so eingerichtet, und die Leute von der ›Hobbitsmühle‹ wären sicher die allerletzten, die gegen diese biologische Lösung unseres Problems etwas einzuwenden hätten.«

»Und wer entfernt nachher das Federzeugs von meiner Sitzgarnitur?!« fuhr Carola ihre beiden jungen Gäste an.

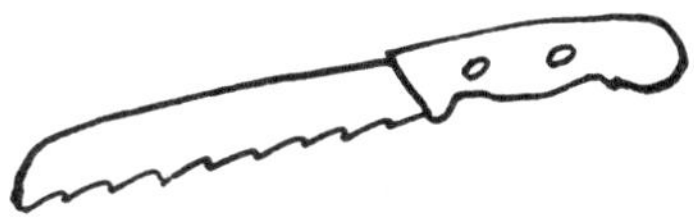

Schmalenbach unterstütze sie: »Erfahrungsgemäß geht so eine biologische Auseinandersetzung zwischen den Arten nie ohne arges Blutvergießen aus. Und Gänseblut hinterläßt hartnäckige Flekken!«

Carola nickte dankbar. Rochus Fuchs aber giftete Schmalenbach an: »Weißt du denn was Besseres?!«

»Naja«, antwortete Schmalenbach nach längerem angestrengten Nachdenken. »Warum machen wir es nicht auf die zivilisierte Art!«

»Mit dem Bolzenschußgerät vielleicht!?« giftete Helga, die sich freute, Rochus auf ihre Art zeigen zu können, daß man sich auf sie verlassen konnte.

Schmalenbach überhörte den Spott, so wie er auch in der Agentur oft genug die naseweisen Verbesserungsvorschläge eines Rochus Fuchs überhört hatte, wenn sie seinen Arbeitsbereich betrafen. »In jedem Haushalt ist etwas Gift vorhanden«, fuhr er ruhig fort. »Wir flößen es der Gans mit Milch ein und warten, bis sie verschieden ist. Dann schieben wir sie in die Röhre . . . «

Carola schien sich mit der Idee Schmalenbachs anfreunden zu wollen, sie schaute ihn jedenfalls nachdenklich an. Da aber zeigte sich, daß auch Elke dem angeborenen Reflex zum Verrat sofort nachgab, sobald sich eine Gelegenheit bot. Gerade als Pfeifenberger sich müde erhob, um das Gift aus der Hausapotheke zu holen, warf Schmalenbachs Begleitung hämisch ein: »Ich hoffe doch, niemand

in diesem Raum denkt daran, sich durch den Genuß von vergiftetem Gänsefleisch selbst zu vergiften – und dann auch noch an Heiligabend. Ich seh' schon die Meldung auf den Vermischtes-Seiten der Weihnachtsfeiertags-Ausgaben aller deutschen Tageszeitungen: »Sechs Yuppies sterben an vergiftetem Gänsefleisch!«

Schmalenbach nahm sich vor, am nächsten Morgen mit ihr offen zu reden. Wenn sie nicht zu ihm stand, würde er sich trennen müssen.

Pfeifenberger seufzte, er schaute erwartungsvoll in die Runde: »Erklärt sich jemand bereit, mit der Gans in die Küche zu gehen und das zu tun, was getan werden muß?«

Die beiden Männer schauten weg, die Frauen fühlten sich nicht angesprochen.

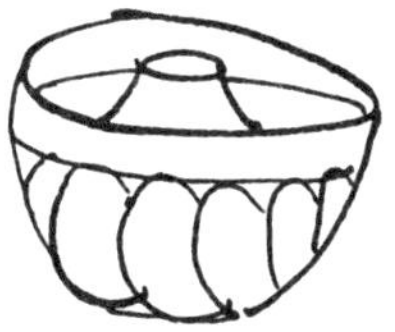

»Gut!« sagte Pfeifenberger hart. »Wenn das so ist, halte ich den Vorschlag, den Hund die Arbeit tun zu lassen, für die einzig mögliche Lösung.«

»Ich könnte die vier Halskoteletts aus dem Tiefkühlfach nehmen und schnell durchbraten«, schlug Carola zaghaft vor.

Menü 5

Tabbouleh
Lauch mit Sauce Gribiche und Walnüssen
Morcheln unter Blätterteig
Ananasparfait

Das einzig Schwere an diesem Menü ist der die Morcheln bedeckende Blätterteig, aber der geht so luftig auf, daß das gar nicht weiter auffällt. Und das bißchen Sahne im Parfait, die Eigelb, der Zucker – all das kommt in so leckerer Form daher, daß Erörterungen, die die Kalorienmenge betreffen, irgendwie abwegig erscheinen.

Tabbouleh

Diese kalte Vorspeise ist nordafrikanischen Ursprungs, wo die Minze eine große Rolle spielt in der Küche. Die Basis des Gerichts ist Bulgur, grob geschrotener Weizen. Ihn zu beschaffen, macht in größeren Städten keine Probleme. Daß das Tabbouleh insgesamt zu trocken gerät, die Gefahr besteht indessen. Mit etwas Wasser (am Schluß dazugeben) ist leicht Abhilfe zu schaffen. Weißwein tut's auch. Sie brauchen:

100 g Bulgur, 1 Bund glatte Petersilie, 1 Bund frische Minze, 6-8 Frühlingszwiebeln, 250 g Kirschtomaten, den Saft von 2 Zitronen, Salz, Pfeffer, Olivenöl bester Qualität.

Gans würzig

Zunächst das Weizenschrot waschen und dann, von kochend heißem Wasser bedeckt, zum Zwecke des Quellens etwa eine halbe Stunde einweichen. In einem Sieb gut abtropfen lassen, danach in eine Schüssel schütten. Petersilie und Minze waschen und fein hacken. Die Frühlingszwiebeln in feine Ringe schneiden, die Tomaten vierteln. Den Zitronensaft, Salz und Pfeffer mit dem Weizenschrot, den Kräutern und den Zwiebelringen vermischen und soviel Olivenöl darüberträufeln, wie Ihnen behagt. Immer wieder umrühren und abschmecken. Zum Schluß, wenn Sie die Tomatenviertel vorsichtig unterheben, werden Sie wahrscheinlich nochmals ins Salzfaß greifen müssen. Dazu: geröstetes, mit Knoblauch eingeriebenes Weißbrot.

Lauch mit Sauce Gribiche und Walnüssen

Es kann passieren, daß die Gäste nach dem Tabbouleh angesichts dieser warmen Vorspeise endlich etwas Richtiges zu essen verlangen. Wenn sie den Lauch mit der interessanten Sauce aber dann probieren, werden sie der säuerlichen Frische sicherlich Achtung zollen, vor allem dann, wenn ihnen das viele süße Weihnachtsgebäck bereits zum Hals heraushängt.

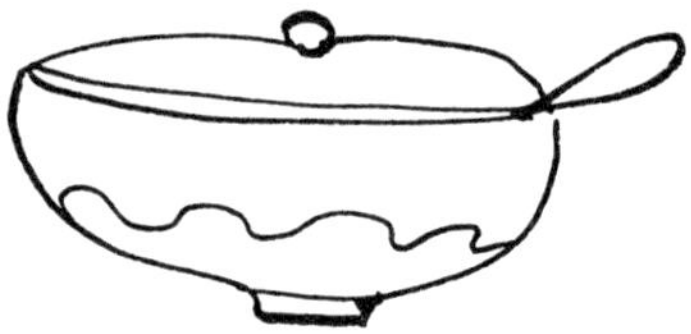

Pro Person 2 Stangen Lauch von mittlerer Dicke, 1 EL Butter, etwas Zitronensaft, geriebener Estragon; 2 hartgekochte Eier; 1 kleine Essiggurke, 1 Röhrchen Kapern, 1 TL Senf, Essig, Olivenöl, Zucker, Salz, Pfeffer; frischer Estragon; Walnußkerne.

Den Lauch, Sie brauchen nur den unteren, weißen bis hellgrünen Teil, putzen und waschen und die zwischen den Blattschichten sich versteckende Erde entfernen, so gut es geht. Sie können ihn auch in Scheiben schneiden, dann läßt sich der Dreck leicht abspülen. Das aber sieht nicht so gut aus. Wenn irgend möglich, sollten Sie es bewerkstelligen, jedem Ihrer Gäste zwei ganze Stücke auf den Teller legen zu können. Die garen Sie zunächst. Und zwar dünsten Sie den Lauch in der

heißen Butter an (wenn er dabei leicht bräunt, so schadet es nichts), salzen, beträufeln das Gemüse mit Zitronensaft und streuen den Estragon darüber. Mit Wasser oder trockenem Weißwein aufgießen, so daß der Lauch fast bedeckt ist. Gut 10 Minuten sanft garen lassen. In dem Sud stehen lassen; er soll lauwarm bleiben.

Währenddessen haben Sie die Eigelb zerdrückt und die Eiweiß in Würfelchen geschnitten, gleichfalls die Gurke. Nun verrrühren Sie Eigelb, Senf und Essig, geben dann das Öl hinzu, würzen und rühren zum Schluß die Kapern, die Gurken- und Eiweißwürfel hinein. Abschmecken, auch mit dem Zucker. Ein wenig vom Sud des Lauches bekommt der Sauce zusätzlich gut. Damit servieren Sie nun den abgetropften, noch warmen Lauch, dekoriert mit Petersilie, Estragon und den zerkleinerten Nußkernen.

Morcheln unter Blätterteig

Morcheln, diese nichtalltäglichen Pilze, sind nicht billig. Aber nur sie können Trüffeln geschmacklich das Wasser reichen, sozusagen. Was sie für ein Weihnachtsessen geradezu prädestiniert, in dieser festlichen Verpackung zumal.

Sie brauchen: Pro Person 25 g getrocknete Morcheln; 1 große Schalotte (oder 2 kleine), feingehackt; 3 EL Butter, Salz, Pfeffer, Zitronensaft, 4 cl Cognac, 8 cl Portwein, 2 Becher Sahne, Einweichwasser der Morcheln (gefiltert). 1 Paket tiefgekühlten Blätterteig; 1 Ei.

Zunächst müssen Sie die Pilze gut waschen, denn in ihrer wabenförmige Oberfläche versteckt sich jede Menge Sand. Also beim Waschen gut und heftig bewegen und zwischen den Händen reiben. Dann weichen Sie die Pilze in warmem Wasser ein, zwei Stunden sind nicht zu lang. Jetzt nehmen Sie sie heraus und drücken sie gut aus; es wäre kein Fehler, sie nochmals zu waschen. Das Einweichwasser, das viel Morchelaroma aufgenommen hat, gießen Sie durch einen Papierfilter und heben es auf, es wird noch gebraucht.

Nun erhitzen Sie die Butter in einer Pfanne und geben die Morcheln dazu. Fleißig rühren, denn die sollen möglichst viel Flüssigkeit verlieren. Vielleicht reicht die angegebene Buttermenge nicht – dann müssen Sie halt mehr nehmen. Die Pilze sollen ja dünsten und nicht verbrennen – ebensowenig wie die feingehackten Schalotten, die Sie jetzt darüber streuen und kurz mitdünsten.

So. Jetzt geht es an die Sauce. Sie löschen die Pilze mit dem Cognac ab und mit einem Teil des Portweins. Einkochen lassen, so heißt ab jetzt die Devise. In beständigem Wechsel werden Sie nun mit Einweichwasser und Sahne die Sauce montieren und dabei immer wieder einkochen lassen, wie gesagt. Zwischendurch salzen und pfeffern, den Zitronensaft nicht vergessen und aufpassen, daß keiner den Portwein trinkt. Auch der dient der Verfeinerung der Sauce, die immer intensiver wird und ein herrliches Morchelaroma entfaltet. Schließlich werden Sie ein gut Teil des Einweichwassers und die Sahne verbraucht haben, und Ihre Pilze schwimmen in einer sämigen, dunkelbraunen Sauce. Das alles können Sie auch früh vorbereiten.

Der Blätterteig ist unterdessen etwas angetaut, und Sie können ihn problemlos ausrollen, wie es auf der Packung steht; Perfektionisten machen ihn natürlich selbst, wir wünschen viel Vergnügen. Das Morchelragout gießen Sie in eine ofenfeste Schüssel, die so ansehnlich sein sollte, daß sie auf dem Tisch eine gute Figur macht. Darüber decken Sie den ausgerollten Teig,

den Sie an den Wänden mit Eiweiß verkleben. Das Eigelb wird mit Wasser verdünnt und auf den Teig gestrichen, was ihn beim Backen schön goldgelb werden läßt. Da nur die Hälfte des Tiefkühlteigs gebraucht wurde, können Menschen

mit gestalterischem Ehrgeiz aus dem Rest allerlei Figuren schnitzen und den Teigdeckel damit verzieren; warum denn auch nicht? Wichtiger aber ist, daß die Form nicht so groß ist, daß der Teig auf die Morcheln fällt. Sie backen ihn inmitten des Backofens bei 230°, bis der Teig aufgeht und braun wird; etwa eine halbe Stunde dürfte das dauern.

Man braucht nicht viel Phantasie dafür, um sich vorstellen zu können, wie dieses Gratin duftet, wenn es angestochen wird. Nicht schlecht sind übrigens Portionsförmchen, aber die Freude ist dann nicht so allgemein. Dazu: Champagner.

Ananasparfait

Das Parfait können Sie am Tag vorher zubereiten; das sollten Sie sogar, damit es über Nacht im Tiefkühler fest wird. Es reicht für mehr als 4 Personen, das heißt: Jeder kann sich zweimal nehmen. Dieser Fall könnte bei diesem sehr leichten Menü durchaus eintreten.

Zutaten: 1 Ananas, nicht nur groß, sondern vor allem reif (am Duft zu erkennen); 5 Eigelb, 150 g Zucker, 2 EL Rum, 1/2 l Schlagsahne.

Die Ananas der Länge nach vierteln. Die Rinde abschneiden und den holzigen Kern. Das Fleisch in kleine Würfel schneiden und den Saft auffangen. Darin die Hälfte der Würfel mit 2-3 EL von dem Zucker etwa 10 Minuten kochen lassen. Dabei soll das Fruchtfleisch weich werden, aber auch das ihm innewohnende Enzym geknackt werden, welches das Festwerden des Parfaits verhindern würde. Die Fruchtstücke mit dem Schnetzelstab oder im Mixer pürieren und abkühlen lassen. In der Zwischenzeit die Eigelb hell und schaumig aufschlagen, dabei nach und nach den restlichen Zucker unterrühren, damit er sich auflöst, und schließlich geben Sie den Rum zu. Dann die Masse mit dem kalten Ananasbrei verrühren. Die Sahne sehr steif schlagen und mit dem Schneebesen unterheben. Die Parfaitmasse über Nacht gefrieren lassen und etwa 1 Stunde vor dem Servieren dafür sorgen, daß sie im Kühlschrank soweit antaut, damit Sie sie nicht lutschen müssen.

Die übrig gelassene Hälfte des Fruchtfleischs etwas zierlicher würfeln, als für das Parfait. Mit 2 EL Zucker eine knappe halbe Stunde kochen lassen, ohne daß sie sich auflösen. Wer mag, kann auch der Sauce einen Schuß Rum mitgeben. Sie sollte aus Gründen des geschmacklichen Kontrastes deutlich weniger süß sein als das Parfait selbst. Dazu paßt ein edelsüßer Wein, und weil Weihnachten ist, wäre eine Beerenauslese schon angemessen.

Pfeifenberger fuhr sie an: »Wir haben die fünfzig Mark für eine Weihnachtsgans ausgegeben und die Leute eingeladen – also gibt's auch eine Weihnachtsgans. Es ist nicht meine Art, mich vor Problemen zu drücken.«

Carola nickte ergeben und widmete sich wieder dem Rotwein, worauf Pfeifenberger sich entschlossen an Rochus Fuchs wandte: »Und von dir erwarte ich, daß du die Sache über die Bühne bringst!«

Rochus wollte protestieren, aber Pfeifenberger schnitt ihm das Wort ab. »Sollte ich mich so in dir getäuscht haben, als ich dich den älteren und erfahreneren Kollegen vorgezogen habe?«

Rochus Fuchs wurde bleich. Dann tätschelte er seinen nach Gänseblut lechzenden Cockerspaniel Grönemeyer und griff nach dem Karabinerhaken wie nach dem Zündhebel einer Feldhaubitze.

»Stop!« schrie Pfeifenberger. »Doch nicht hier drin. Er soll sein Geschäft draußen machen. Meinetwegen in der Badewanne, dann kann Carola das Blut und die Federn nachher einfach wegduschen!«

Rochus Fuchs stand auf und führte den hechelnden Grönemeyer wie ein Waidmann an steifer Leine um den Tisch herum hinaus. Bald darauf war zuerst die Badezimmertür und gleich darauf die Klospülung zu hören.

Pfeifenberger trank den zweiten Grappa an diesem Abend. Er sah dabei aus wie der Präsident der Vereinigten Staaten, nachdem er den Knopf für die atomare Vergeltung gedrückt hatte.

Die Gans watschelte ein paar unsichere Schritte in die Zimmermitte und schnatterte. Offensichtlich fühlte sie sich vergessen, auch schien sie die Abwesenheit Grönemeyers unternehmungslustig zu machen. Sie schaute jeden der Anwesenden lange an und drehte dann gelassen eine Runde um die Tafel, wobei sie zufrieden vor sich hingrummelte, als müsse sie sich selbst versichern, daß es ihr gutging.

»Eigentlich ist sie ganz nett«, bemerkte Elke, was Schmalenbach zur Weißglut brachte, denn für den ambitionierten Werbetexter war es eine Zumutung, wenn jemand eine Gans als *eigentlich ganz nett*

bezeichnete. Selbst der Cartoonist Pfeifenberger empfand ähnlich, er korrigierte entnervt: »Sie ist nicht *ganz nett*, Elke, sie ist eine Gans, und ich habe sie gekauft, damit wir sie essen. Schließlich ist Heiligabend!«

»Ich habe sie gekauft!« warf Carola stolz ein.

»Dann bring sie auch gefälligst ins Badezimmer!« fuhr Pfeifenberger seine Gattin an.

Carola nahm einen letzten Schluck, erhob sich – schon leicht schwankend – und sagte kraftlos: »Wenn du dich nicht traust!«

Pfeifenberger versuchte, ruhig zu bleiben: »Das hat damit gar nichts zu tun! Wir haben mal einen Vertrag geschlossen, Carola. Darin hieß es: Jeder hat seine Pflichten!«

Carola sagte bloß: »Angsthase!« Dann ging sie zu der ahnungslosen Gans, die sich ihr sofort vertrauensvoll zuwandte. Carola bückte sich, griff unter den breiten, tiefliegenden Rumpf der Gans und hob sie wie einen Säugling auf ihre Arme.

Die drei anderen hielten den Atem an.

Der Gans schien die neue Position zu gefallen, sie schnatterte zufrieden und legte ihren Hals zu einem Fragezeichen gefaltet auf ihrem weichen Rücken ab, wie ein unzufriedener Schwan.

»Also ich würde auch ein Halskotelett essen!« bekannte Elke mit belegter Stimme. Schmalenbach verspürte ebenfalls keine Lust mehr auf Gänsefleisch, aber er hütete sich etwas zu sagen, denn er bemerkte aus den Augenwinkeln Pfeifenbergers verkniffenen Gesichtsausdruck.

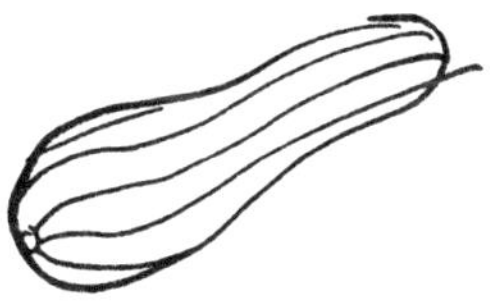

Der Hausherr erhob sich und hielt seiner Frau die Tür auf. Carola passierte ihn, ohne ihm einen Blick zu gönnen – mit der Gans auf dem Arm, die

mit ihrem Schnabel nach Pfeifenberger tastete, als erwartete sie eine Liebkosung. Pfeifenberger legte vor Schreck den Kopf so weit in den Nacken, daß er selbst wie eine Gans aussah. Dann schloß er die Tür hinter seiner Frau und der Gans und genehmigte sich an der Anrichte den dritten Grappa. Schmalenbach hätte jetzt auch gerne einen Grappa getrunken, aber er wollte den Gastgeber nicht darum bitten, wenn der selbst nicht darauf kam, seinen Gästen einen anzubieten.

Im Flur wurde die Badezimmertür zugeschlagen. Ein Schlüssel drehte sich im Schloß – und irgendwo in der Ferne bellte Grönemeyer laut und bedrohlich. Dann kamen Carola und Rochus Fuchs mit hochroten Köpfen hereingestürmt und nahmen eilig Platz.

Es herrschte eine vollkommene Stille.

Irgendwann sagte Pfeifenberger: »Guter Hund!« und trank den vierten Grappa. Wieder allein.

Rochus Fuchs wuchs im Sitzen um einen ganzen Kopf.

Pfeifenberger wollte sich soeben seinen fünften Grappa einschenken, als der mißbilligende Blick

Carolas ihn traf. Sie schüttelte leicht den Kopf und sagte leise: »Noch ist nicht alles ausgestanden. Stellt euch vor, er zerfleischt sie. Wir können unmöglich an Heiligabend eine völlig zerfleischte Gans auf den Tisch bringen.«

»Grönemeyer weiß, was sich gehört!« tönte Rochus Fuchs.

Er stand auf und stolzierte mit geradem Rücken und leicht nach hinten federnden Beinen zur Anrichte, nahm sich selbst einen Grappa und prostete Pfeifenberger zu, als ginge er seit Jahren hier ein und aus.

Schmalenbach fühlte sich so überflüssig – selbst wenn Pfeifenberger ihm nun großmütig ein Glas seines 80-Mark-Grappas angeboten hätte, er hätte abgelehnt.

Helga konnte es kaum erwarten: »Sollen wir nicht langsam mal nachsehen – ich meine, wie ich Grönemeyer einschätze, geht's ziemlich schnell bei ihm.«

»Woher willst du das wissen?« fragte Rochus. »Grönemeyer ist mein Hund nicht deiner.«

»Eben«, entgegnete Helga spitz. Es dauerte eine Weile, bis Rochus Fuchs rot wurde. Diesmal kicherte Schmalenbach, Elke sagte – natürlich laut und deutlich: »Oho!«

Dann wurde draußen gegen die Badezimmertür geknufft. Pfeifenberger ging hinaus. Eine Sekunde später war Grönemeyer im Zimmer. Wie ein Pfeil flog er unter den Tisch und legte sich brav zu den Füßen seines Herrchens ab. Er winselte.

»Was hat er denn? Ein schlechtes Gewissen?« fragte Carola Pfeifenberger treuherzig.

»Animal post coitum triste est!« sinnierte Rochus Fuchs.

»Was?« fragte Helga.

»Das Tier ist danach immer traurig«, übersetzte Rochus.

»Wonach?« wollte Helga wissen.

»Na, wonach schon?« fragte Elke zurück – und fügte zu Rochus gewandt zu. »Aber es heißt coitus nicht coitum.«

Helga sah Rochus Fuchs an, der unterm Tisch stolz seinen Hund tätschelte, und kicherte. Rochus wurde zum zweiten Mal rot.

Als Pfeifenberger ins Zimmer trat, wirkte er besorgt.

»Und??!!« fragte die Gattin.

»Ich fürchte, er hat sie mit Haut und Haaren verschlungen!« antwortete Pfeifenberger. »Die Gans ist nicht mehr da.«

Ein Aufschrei aus fünf – nein, vier Kehlen; Rochus Fuchs tätschelte bloß verständnislos den immer noch winselnden Grönemeyer.

»Eine Bestie!« zischte Carola und schüttelte sich. Erst jetzt zog Rochus Fuchs seine Hand von Grönemeyer weg und setzte eine bittere Miene auf.

»Iiii!« schrie Helga. »Das viele Blut!«. Sie starrte auf die Hand von Rochus Fuchs, die eben noch Grönemeyer getätschelt hatte. Sie war blutrot. Und das Tischtuch sog an der Stelle, an der Rochus Fuchs saß, einen rosaroten Kranz auf.

Rochus Fuchs starrte auf seine blutig glänzende Rechte. »Grönemeyer!« seufzte er.

Der Hund trollte sich in die Ecke, in die sich kurz zuvor die Gans geflüchtet hatte, und rollte sich zusammen. Er winselte jetzt noch lauter.

»Ekelhaft!« sagte Carola.

»Peinlich!« entfuhr es Pfeifenberger.

»Entschuldigung«, flüsterte Rochus Fuchs.

»Und jetzt?« fragte Schmalenbach.

Carola starrte auf den Parkettboden. Grönemeyer hatte eine breite Blutspur hinter sich hergezogen.

»Also mir ist der Appetit gründlich vergangen«, erklärte Elke. »Ich finde es sowieso verantwortungslos, Fleisch zu essen. Ist euch denn noch nie aufgefallen, daß Fleisch eigenartig schmeckt – es schmeckt immer so . . . tot.«

Schmalenbach kannte das, er wußte aber auch, daß sie zu Hause jeden morgen ein Blutwurstbrot zum Frühstück und einmal in der Woche beim Argentinier ein 450-Gramm-Steak aß – aus hormonellen Gründen, wie sie behauptete. »Das will doch keiner wissen!« wies er Elke zurecht.

Bevor Elke sich auf Schmalenbach stürzen konnte, schrie Helga auf: »Guck mal! Grönemeyer! Der blutet ja selbst!«

Der Hund blutete wirklich – und zwar aus der Nase.

»Hat die Gans doch wie ein Löwe um ihr Leben gekämpft«, sinnierte Carola.

»Armer Grönemeyer«, jammerte Rochus und ging vor dem Cockerspaniel auf die Knie. Er streichelte das winselnde Tier, sofort war seine Hand wieder voller Blut – auch auf dem Parkett entstand eine weitere Blutlache.

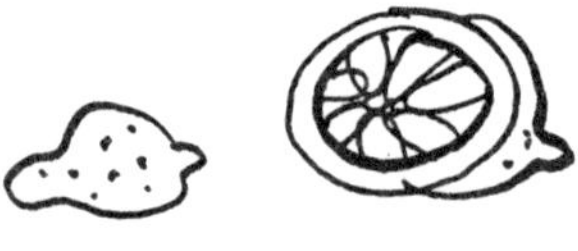

»Das Monster hat ihm in die Nase gebissen«, schimpfte Rochus – den Tränen nahe.

Pfeifenberger erklärte düster: »Jedes Tier kämpft bis zum Schluß – das unterscheidet die Tierwelt von den Menschen.« Dabei schaute er Schmalenbach an. Schmalenbach erhob sich, er hatte genug. So als hätte er einen unsichtbaren Schalter berührt, klingelte es.

Alle erschraken. Pfeifenberger zischte: »Musik an!« Carola stürzte zu dem Plattenspieler, um die Nadel auf den breiten Rand der alten Weihnachts-LP zu legen. Es krächzte, dann sang ein Knabenchor: »Süßer die Glocken nie klingen.« Es klingelte wieder, diesmal länger und lauter.

Pfeifenberger ging hinaus, gleichzeitig verzog sich Grönemeyer mit hängendem Schwanz wieder unter den Tisch.

Draußen war eine aufgeregte Stimme zu hören, und Schmalenbach setzte sich schnell hin, als Pfeifenberger kurz darauf einen Besucher hereinführte.

Der Mann trug einen Rollkragenpullover aus grober und sehr bunter Wolle, eine schwarze Jeans, die es nur in New York zu kaufen gab, und einen schwarzen Akten-Koffer aus Büffelleder, den er mit einer dynamischen Bewegung auf den Tisch schwang. Dann drückte er zwei Tasten seines Handys gleichzeitig und deponierte ihn vorsichtig neben dem Koffer auf den Tisch, wo das zierliche Gerät aufgeregt rot und grün blinkte.

»Frohe Weihnachten!« wünschte der sonnengebräunte Mann mit dem graumelierten Dreitagebart, dann begann er eine Runde um die Tafel, bei der er jedem Anwesenden die Hand schüttelte und sich mit einem artigen Kopfnicken vorstellte: »Rudolf.«

»Rudolf kommt von der ›Hobbitsmühle‹!« erklärte Pfeifenberger. Dabei machte er ein paar Schritte – scheinbar absichtslos, aber alle Anwesenden außer Rudolf bemerkten, daß er eine Position bezog, die Rudolf von der »Hobbitsmühle« den Blick auf die Blutlache in der Zimmerecke verstellen sollte.

Rudolf ließ die beiden Edelmetallschlösser seines Koffers aufklicken, öffnete den Deckel und schaute dabei so verheißungsvoll in die Runde wie ein Weihnachtsmann kurz vor der Bescherung. Dann verteilte er bunte Meisenknödel. Die Beschenkten waren sprachlos.

Rudolf klappte seinen Koffer zu. »Eine kleine Aufmerksamkeit von der ›Hobbitsmühle‹ zum Fest der Liebe«, erklärte er und lächelte. Dann vereiste seine Miene. »Wie ich höre, haben Sie noch nicht gegessen. Ich will offen sein: Ich bin wegen der Gans hier. Meine Mission – und in meinen Augen ist es das – wäre von vorneherein aussichtslos gewesen, wenn Sie die Gans schon verzehrt hätten. Aber wie ich schon an der Woh-

nungstür erfahren habe, steht die Gans erst morgen, am Ersten Weihnachtsfeiertag, auf dem Speiseplan des Hauses – was mich, offen gesagt, sehr glücklich macht. Die Gans wurde nämlich unrechtmäßig an Sie verkauft …«

Carola wehrte sich mit der Verve der Hausfrau, deren Ehrlichkeit man in Zweifel zieht: »Ich habe dafür 50 Mark gezahlt. Alles hatte seine Richtigkeit, Rudolf, frag doch deine Frau!«

Rudolf machte ein säuerliches Gesicht: »Das ist es ja. Sieh mal, Carola, du kommst seit zwei Jahren zu uns und weißt: Die ›Hobbitsmühle‹ ist kein Ort, wo Pflanzen und Tiere verhökert werden, die ›Hobbitsmühle‹ ist ein Heim für Pflanzen und Tiere …«

»Papperlapapp!« unterbrach ihn Pfeifenberger. »Was soll das Bio-Gesülze? Sie bieten an, wir kaufen. Fertig!«

»Aber die Gans war nicht im Angebot. Meine Frau hat sie hinter meinem Rücken verkauft. Die ganze Woche habe ich mich zur großen Biobauern-Konferenz im Berliner ICC aufgehalten, und als ich heute müde nach Hause kam und meine geliebte Gans Jolanthe begrüßen wollte, war sie weg …«

Rudolf hatte sich in Rage geredet, er machte eine Pause, warf einen sehnsüchtigen Blick auf die noch halbvolle Rotweinflasche und setzte dann, als niemand Anstalten machte, ihn zu bewirten, etwas ruhiger von neuem an: »Meine Frau Rosel ist ein grundgütiger Mensch – aber sie hat etwas gegen Jolanthe. Es ist völlig irrational, sie behauptet, ich sei auf die Gans fixiert und vernachlässige darüber die Menschen um mich herum. Rosel ist eben unglaublich eifersüchtig – obwohl ich ihr keinerlei Grund zu dieser Eifersucht liefere.«

Carola starrte ihn lange mit offenem Mund an, dann fragte sie: »Und deshalb hat Rosel die Gans verkauft?«

Rudolf freute sich, daß man ihn endlich verstand: »Ja. Hinter meinem Rücken – aber ich bin ihr deshalb nicht böse. Rosel ist halt ein total impulsiver Mensch und im Grunde unheimlich tierlieb. Deshalb habe ich sie ja auch geheiratet. Aber wenn es um Jolanthe geht, wird die sanftmütige Rosel einfach zur Furie. Sie glauben ja nicht, was für Lügen ich mir einfallen lassen mußte, um heute abend hierher eilen zu können – während sie zu Hause unterm Weihnachtsbaum sitzt und auf mich wartet.«

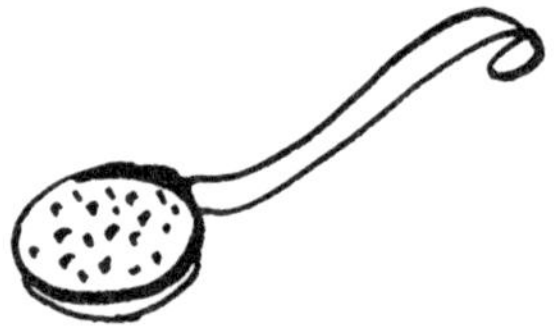

Helga wischte sich mit einem Tempotaschentuch zwei dicke Tränen ab. Und selbst Pfeifenberger mußte sich räuspern, um seine Rührung zu verbergen, bevor er sprach: »Rudolf, es tut mir leid, aber wir können den Kauf nicht rückgängig machen – auch wenn wir das gerne tun würden.«

Rudolf klappte seinen Koffer wieder auf, entnahm ihm eine alraunenartig gewachsene Ingwerwurzel, die im Kerzenschein des Pfeifenberger-

schen Weihnachtsbaumes golden schimmerte, legte sie aber nach kurzem Nachdenken wieder zurück und hatte plötzlich einen Hundertmarkschein in der Hand. »Das Doppelte des Verkaufspreises! Ist das ein Angebot oder nicht?«

Pfeifenberger schüttelte den Kopf.

Erst jetzt fiel Rudolfs Blick auf die Blutlache hinter Pfeifenberger. Er schrie auf: »Was geht hier vor?!« Und als er keine Antwort bekam: »Blutopfer! Tierquälerei! So ist das also. Das gibt eine saftige Anzeige! Und natürlich Hausverbot auf der ›Hobbitsmühle‹!«

Er schlug seinen Koffer zu, riß ihn vom Tisch, packte seinen Handy und wollte hinaus.

Doch mitten in der eleganten Bewegung stockte Rudolf.

In der Tür stand die Gans und schaute ihn mit glänzenden Augen an. Dann schnatterte sie aufgeregt. Unter dem Tisch jaulte Grönemeyer auf und sprang Rochus Fuchs vor Schreck auf den Schoß.

Helga stammelte: »Aber... dann hat er die Gans ja gar nicht... gefressen...«

Auch Pfeifenberger reagierte perplex: »Wahrscheinlich ... sie war wohl in der Dusche ... versteckt ... oder hinter der Toilette. Ich hätte überall nachsehen müssen.«

Rochus betastete vorsichtig die Nase Grönemeyers, und Grönemeyer jaulte so laut, daß die Gans entnervt ihren Kopf schüttelte.

Rudolf nickte stolz. »Tjaa, Jolanthe, ist eben eine besondere Gans.«

»Quatsch!« widersprach Pfeifenberger. »Der Köter ist so blöd wie sein Herrchen.«

Helga rief spitz auf: »Rochus! Sag doch was!« Aber Rochus streichelte nur versonnen den Kopf von Grönemeyer und flüsterte: »Ich will nach Hause!«

Schmalenbach hingegen war zufrieden: Der Abend, der so schrecklich für ihn begonnen hatte, hatte doch noch eine angenehme Wendung genommen. »Laß uns gehen!« forderte er Elke freundlich auf. Erstaunlicherweise widersprach sie nicht, sondern lächelte ihn an und stand sofort auf.

»Moment, Leute!« hielt Pfeifenberger die beiden auf. »Ich habe euch zur Weihnachtsgans geladen,

und wir werden eine Weihnachtsgans essen – und wenn ich dem Vogel den Hals mit dem Brotmesser durchsäbeln muß… Pfeifenberger verlädt seine Gäste nicht.«

Schmalenbach winkte müde ab. »Wir wollen nicht mehr – wir wollen keine Gans essen, vor allem nicht Jolanthe.«

»Nein, wollen wir nicht!« pflichtete ihm Elke bei, sie packte Schmalenbachs Hand und drückte sie ganz fest, obwohl sein Handschweiß sie sonst immer abschreckte.

Als Schmalenbach und seine Liebste die Wohnungstür hinter sich zugeschlagen hatten, hörten sie, wie Rudolf und Pfeifenberger sich anschrien. Im Hausflur ging das Licht aus. Elke hielt Schmalenbach zurück, als er zum Minutenschalter wollte. »Was ist?« fragte er.

Sie zog ihn zu sich heran und küßte ihn. »Frohe Weihnachten!« sagte Elke.

»Frohe Weihnachten!« sagte auch Schmalenbach. Sie küßten sich noch einmal, und Schmalenbachs Magen knurrte laut, was ihm peinlich

war, obwohl die beiden sich schon sechs Jahre kannten.

Als sie aus dem Haus traten, schneite es. Über der Stadt lag eine dünne, jungfräuliche Schneedecke. Schmalenbach und Elke waren die ersten, die Fußabdrücke auf dem Trottoir hinterließen. Sie lachten, als sie zu ihrem Wagen gingen, der einen Block weiter parkte.

Plötzlich blieb Schmalenbach stehen und sagte: »Schau mal!«. Er zeigte auf die andere Straßenseite. Dort hielt ein VW-Bus mit laufendem Motor in der zweiten Reihe. Auf der Flanke des Wagens stand in gotischen Lettern »Hobbitsmühle«, daneben sah man eine schlecht gezeichnete Mühle, hinter der eine überlebensgroße Gans hervorschaute.

Schmalenbach schimpfte leise: »Der Biobauer läßt den Motor laufen – und das an Weihnachten.« Im Seitenfenster des VW-Busses klimmte eine Zigarette auf.

»Da sitzt jemand drin, deshalb läuft der Motor«, erklärte Elke. »Wegen der Heizung.«

Normalerweise wäre Schmalenbach weitergegangen – aber an Heiligabend wollte er kein Feigling sein, wenigstens an Heiligabend wollte er etwas für die Umwelt tun. Er ging über die Straße und klopfte an die Seitenscheibe des Wagens.

Elke blieb zurück, ihr war kalt, und sie empfand Schmalenbachs plötzlichen Eifer als störend: Sollte er sich doch das ganze Jahr über penibel aufführen

und wenigstens an Heiligabend fünf gerade sein lassen.

Sie lief wegen der Kälte ein paar Schritte. Dann hatte Schmalenbach sie wieder eingeholt. Er war wütend, offensichtlich war sein Vorstoß mißlungen. »Sitzt da drin und pafft und sagt, ihr Mann hat ihr verboten, den Motor abzustellen, weil der Fahrersitz nicht kalt werden darf.«

»Rudolf?«

»Ja, er scheint Hämorrhoiden zu haben.«

Jetzt blieb Elke stehen und blickte auf den tuckernden VW-Bus zurück. »Aber dann hat er gelogen ... Ich meine, wenn seine Frau unten im Wagen sitzt und raucht und sich nicht mal traut, ohne seine Erlaubnis den Motor abzustellen, dann hat Rudolf die Pfeifenbergers belogen.«

Schmalenbach wollte zu seinem Wagen, sein Magen knurrte schon wieder. »Komm! Vielleicht hat Hühner-Hugo noch offen?«

Elke aber wollte zurück. »Das ist eine Entführung, verstehst du denn nicht?!«

»Eine Entführung? Wer soll denn entführt werden?«

»Jolanthe!«

»Wer?«

»Die Gans, Schmalenbach. Und jetzt beeil dich! Da oben, bei Pfeifenbergers, da kannst du zeigen, ob du Mumm hast.«

Sie klingelten Sturm. Carola öffnete. Sie strahlte. »Schön, daß ihr es euch noch mal überlegt habt!«

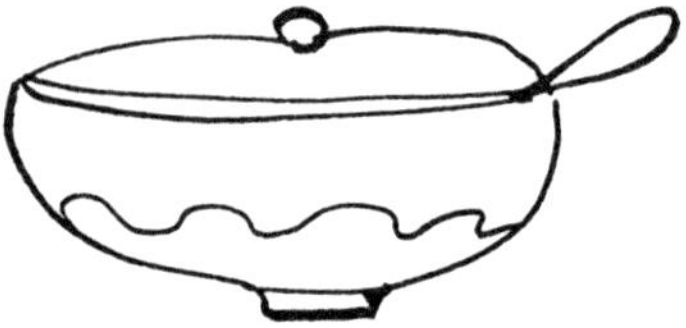

Als sie ins Zimmer traten, stießen Pfeifenberger und Rochus gerade mit Rudolf an. Die drei tranken Grappa. Rudolf hatte die Gans Jolanthe auf dem Arm. Helga hatte die Schuhe ausgezogen und die Füße auf einen Stuhl gelegt, sie trank den Rotwein aus der Flasche. Grönemeyer schlief mit triefenden Augen in der sichersten Ecke des Raumes. Der Plattenspieler spielte »Ihr Kinderlein, kommet«.

Rudolf stellte sein Glas ab und nickte jedem grüßend zu. Er wollte gehen. Schmalenbach trat ihm in den Weg. »Die Gans bleibt hier!«

Elke rief: »Eine Entführung. Unten im Wagen sitzt seine Frau.«

Rudolf lachte: »Was soll das?! Ich habe 100 Mark

bezahlt für die Gans, macht einen Bilanzverlust von 50 Mark!«

»Und wieso haben Sie gelogen? Wieso haben Sie behauptet, ihre Frau säße ahnunglos zu Hause und sie hätte die Gans aus Eifersucht an Carola Pfeifenberger verkauft?« fragte Elke hart.

Rudolf sah sich verlegen im Zimmer um. »Ich dachte, die Geschichte mit der Eifersucht und so und daß Rosel die Gans hinter meinem Rücken verkauft hat, naja, ich dachte, das ist genau das Richtige für Heiligabend!«

Jetzt war auch Pfeifenberger wütend: »Als ob wir sowas nötig hätten! Carola, du gehst mir nicht mehr in diese ›Hobbitsmühle‹!«

Grönemeyer wachte auf, öffnete sein Maul zum Bellen, sah die Gans auf Rudolfs Arm und verbarg seinen Kopf schnell wieder unter der angewinkelten, rechten Vorderpfote. Jolanthe, die Gans, gähnte und biß Rudolf ins Ohr. Rudolf schien das nichts auszumachen, er wollte nur weg, aber Schmalenbach gab die Tür nicht frei.

»Gut!« gab Rudolf kraftlos zu. »Das mit Rosel – das war gelogen, sie ist nicht mal auf Karin Müller-Wipperfürth eifersüchtig, und mit der war ich letztes Jahr sechs Wochen auf den Kanaren ...«

»Hier sind Damen im Raum, und es ist Heiligabend!« wies Pfeifenberger ihn zurecht. »Also – was soll das alles?«

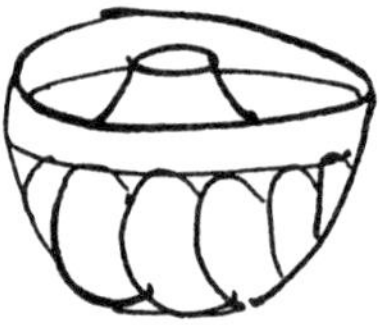

Rudolf schien einzusehen, daß es keinen anderen Ausweg mehr für ihn gab. »Es ist so, auf dem Biobauernkongreß im Berliner ICC habe ich die Bekanntschaft von Rohlinger und Weidig gemacht und sie kurzerhand für den Ersten Weihnachtsfeiertag auf die ›Hobbitsmühle‹ eingeladen. Die beiden sind Singles – und Singles haben doch immer dieses Weihnachtsproblem.«

Rudolf machte eine Pause, um das Gesagte wir-

ken zu lassen. Offensichtlich war er der Meinung, die genannten Namen sprächen für sich.

»Na und?!« fragte Pfeifenberger ungeduldig.

»Rohlinger und Weidig. Die Chefdisponenten von ›Demeter‹. Der Biobauer, der die beiden auf seiner Seite hat, ist ein gemachter Mann! Natürlich haben die beiden gezögert. Sie verstehen: Die ›Hobbitsmühle‹ ist nicht der einzige Anwärter, der Rohlinger und Weidig an Weihnachten gerne aufnehmen würde ...«

»Wer denn sonst noch?« fragte Helga arglos.

Rudolf wurde laut: »Jeder Biobauernhof in Deutschland reißt sich darum. Keinem von uns geht es besonders gut ... Sie wissen, die EG-Richtlinien und dann der Preiskampf und die negative Propaganda ... viele von uns müssen heimlich halbtags in Großviehhaltungen und Legebatterien arbeiten, um über die Runden zu kommen ...«

»So schlimm steht's um euch?« fragte Carola.

»Schlimmer!« antwortete Rudolf und senkte den Kopf.

»Aber was hat das alles mit der Gans zu tun?« wollte Elke wissen.

Rudolf klang fast ein bißchen stolz: »Seit ihrer

frühen Jugend haben Rohlinger und Weidig keine Weihnachtsgans mehr gegessen. Sie werden zwar an Weihnachten von Biobauer zu Biobauer gereicht, zum schönsten Fest des Jahres bekommen die Armen aber bloß Hafergrütze und Nüssemüsli vorgesetzt.«

»So schlimm wird's schon nicht sein!« sagte Schmalenbach, er dachte an das Fünf-Gänge-Menü, das er beim letzten Betriebsessen im vegetarischen Restaurant »Pfifferling« genossen hatte.

»Sie haben ja keine Ahnung!« entgegnete Rudolf düster. »Auf jeden Fall sitzen Rohlinger und Weidig morgen früh um halb zwölf bei mir am Tisch und warten mit den Bestecken in den Händen auf ihre Weihnachtsgans. Deshalb werden Sie verstehen, ich muß jetzt los, es gilt immerhin, noch einige Vorbereitungen zu treffen! Das ist die Chance meines Lebens.« Er umging Schmalenbach wie ein geübter Trippler und war schon im Flur, als Pfeifenberger schrie: »Halt! Die Gans bleibt hier!«

Auf dem Flur antwortete Rudolf laut: »Ich habe sie bezahlt.« Dann hörte man, wie er die Wohnungstür öffnete. Rochus Fuchs stand plötzlich

kerzengerade im Zimmer und gab dem Cockerspaniel Grönemeyer einen Befehl: »Grönemeyer, faß!«

Grönemeyer schaute kurz auf, jaulte und rollte sich wieder ein.

Helga sagte laut: »Blödmann!«

Rochus Fuchs wurde wieder rot und wollte gerade fragen, wen sie meine: ihn oder Grönemeyer, da war auf dem Flur ein Schmerzensschrei zu hören. Etwas Schweres fiel zu Boden. Kurz darauf watschelte die Gans zufrieden ins Zimmer zurück. Sie schnatterte nach allen Seiten und sprang – kurz und nur symbolisch flatternd – auf einen freien Stuhl.

»Ich glaube, sie fühlt sich wohl bei uns«, erklärte Carola freudig.

Rudolf stand wieder in der Tür. Mit zwei Händen betastete er seine Nase, dicke Blutstropfen tropften von seiner Nasenspitze aufs Parkett. Rudolf war bleich und den Tränen nahe: »Das Mistvieh hat mir in die Nase gebissen!«

Pfeifenberger wuchs zur Überlebensgröße, er trat auf den schmächtigen Rudolf zu und donnerte: »Hinaus!«

Rudolf drehte sich auf der Stelle um und floh aus der Wohnung.

Als er die Haustür hinter sich zuschlug, legte die Gans ihren Schnabel auf die Tischkante.

»Süß, nicht wahr?!« sagte Carola und küßte die Gans auf ihren weichen Hals.

Das Eis war gebrochen. Sie setzten sich an den Tisch und prosteten sich zu. Dann wünschten sie erst der Gans und anschließend sich untereinander »Frohe Weihnachten«.

Pfeifenberger legte wieder »Süßer die Glocken nie klingen« auf, und Carola ging hinaus, um den Rotkohl zu holen, der eigentlich als Beilage zur Gans gedacht war – aber nun wurde er kurzerhand zum Hauptgericht erklärt, denn die Gans wollte natürlich keiner mehr essen.

Während alle heißhungrig auf den Rotkohl warteten, klingelte es noch einmal an der Wohnungstür. Sie hörten, wie Carola öffnete, Stimmen überschlugen sich, dann wurde es still, Carola lief in die Küche zurück, schien aber kurz darauf wieder an der Tür zu sein. Sie lachte kurz und hell auf und schloß die Tür.

Als sie wenig später den Rotkohl auftrug, fragte Pfeifenberger betont beiläufig: »Was war denn noch?«

»Rudolf wollte seine hundert Mark wiederhaben«, antwortete Carola ruhig. »Ich hatte Mitleid mit ihm, schließlich ist Heiligabend. Ich habe ihm die vier eingefrorenen Scheinekoteletts gegeben – damit Rosel, Rohlinger, Weidig und er auch was Gutes zu Weihnachten haben. Er war ganz gerührt.«

Carolas weise Entscheidung wurde einhellig begrüßt. Dann holte Helga einen Unterteller aus der Küche. Sie taten der Gans etwas Rotkohl auf den Teller, bliesen ihn kalt und stellten ihn vor ihr an der Tischkante ab. Die Gans schnupperte erst etwas wählerisch auf dem Tellerchen herum, dann aber packte sie einen dickem Strunk, hob ihn hoch und verschlang ihn – mehrmals kräftig schluckend.

Die sechs Menschen schauten staunend zu, wie der Rotkohlstrunk langsam und gleichmäßig den schönen, weißen Hals der Gans hinunterwanderte.

Als er unten angekommen war, die Gans zufrieden ihren Schnabel aufklappte und züngelte, klatschten alle Beifall.

Die Gans schnatterte hocherfreut und schaute dankbar in die Runde.

Ende

Menü 1

Menü 2

Menü 3

Menü 4

Menü 5

Das gans schöne Geschenkbuch

Wer die Gänse des Klaus Puth nicht auf Anhieb ins Herz schließt, dem ist auf Erden nicht zu helfen. Die schelmische Anmut der Puth'schen Gänse macht dieses Gänse-Brevier zu einem Augenschmaus, einem großen Lese-Fest, bei dem man aus dem Schmunzeln nicht herauskommt. Friedhelm Moser hat zahlreiche Geschichten und Anekdoten, Rezepte und alte Legenden rund ums allerliebste Federvieh zusammengetragen.

»Der eigentliche Clou sind Puths watschelnde Gesellen, gezeichnete Laune-Verbesserer. Phantastisch, wie der Zeichner jede noch so unerwartete Situation gan(s)z tierisch umsetzt. Verschmitzt schelmisch und mit vielen perfekt gesetzten Anspielungen kommt die Puth'sche Gänsetruppe daher – und beweist die faszinierende Beobachtungsgabe des Zeichners für die kleinen Kuriositäten des Alltags und sein sicheres Gespür für die stilvolle Pointe.«

Berliner Morgenpost

Klaus Puth/ Friedhelm Moser
Gans herzlich
Mit ganzseitigen Abbildungen, vierfarbig
48 Seiten, Großformat, gebunden
DM 24,80; ISBN 3-8218-3037-9